博瑞森图书
BRACE
企业视角 本土实践

招招见销量的营销常识

刘文新◎著

企业管理出版社
ENTERPRISE MANAGEMENT PUBLISHING HOUSE

图书在版编目（CIP）数据

招招见销量的营销常识/刘文新著.
—北京：企业管理出版社，2013.12
ISBN 978-7-5164-0517-8

Ⅰ.①招… Ⅱ.①刘… Ⅲ.①企业管理－营销管理 Ⅳ.①F274

中国版本图书馆 CIP 数据核字（2013）第 220667 号

书　　名：招招见销量的营销常识
作　　者：刘文新
选题策划：刘　刚
责任编辑：谢晓绚
书　　号：ISBN 978-7-5164-0517-8
出版发行：企业管理出版社
地　　址：北京市海淀区紫竹院南路 17 号　邮编：100048
网　　址：http：//www.emph.cn
电　　话：总编室（010）68701719　发行部（010）68414644
编辑部（010）68701661　（010）68701891
电子信箱：emph003@sina.cn
印　　刷：三河市文阁印刷厂
经　　销：新华书店
开　　本：710 毫米×1000 毫米　16 开本　13 印张　143 千字
版　　次：2013 年 12 月第 1 版　2013 年 12 月第 1 次印刷
定　　价：42.00 元

博瑞森图书：企业视角　本土实践

亲爱的读者朋友：

也许您是博瑞森图书的老读者，也许是新朋友，欢迎您阅读博瑞森图书！

当今中国，各行各业都存在着转型升级的压力与机遇。博瑞森图书与您一同应对转型挑战并发现其带来的机遇。

我们一直在问：什么样的书能为您解决管理难题并带来启发？

我们一直在找：哪些作品最能帮助企业从跟随到领先？

我们一直在做：把最好的作品以最便捷的方式呈现给您，纸质版、电子版、听读版、书摘邮件、微信……

我们策划图书的原则是：

- 企业视角——与您一样，做水中的游泳者，而非岸上的观众或教练，企业的困惑就是我们的任务；
- 本土实践——与您一样，立足本土环境，追求卓越实践，传播最适合当下中国企业的管理之道。

我们希望您：把阅读各类经营管理类图书时的遗憾或收获，告诉我们（13611149991），我们将认真聆听。

如果有一天，您把博瑞森图书视为您优秀的事业伙伴、管理助手，我们也就实现了自己的梦想。

博瑞森图书

010－51900529

bookgood@126.com

前　言

成功要在规律上行走

王老吉一个单品可以做到170亿元的年销量，六个核桃一个单品可以做到59亿元的年销量，为什么许多企业几十个，甚至几百个单品，也就是几千万的销量呢？

为什么很多企业很好的产品，却只有区区几百万的销量？

笔者服务和研究过涉及食品、饮料、家居、建材、酒水、调味品、工业产品等十多个行业。通过对这些行业近百个成功企业的研究，发现这些企业之所以能把销量做起来，确实有些共性的东西。

尤其是快速消费品领域，一个品牌能做多大，以什么方式增长；一个产品能否成活，做多少销量，都取决于上市之前的整体规划。

为什么企业推出一个并不是很看好的产品，市场上也没有投入太多的资源，却在市场上表现良好，让企业不得不去重视它？

为什么企业推出一个产品，领导很重视，重金推广，结果却市场表现平平？

这些问题的根源在于缺少对顾客的掌握，完全依赖个人经验来做产品和市场判断。

其实，产品的名字不仅决定了传播成本，更是品牌认知的核心，品牌定位、符号这些认知元素都直接决定了品牌能够做多大。

产品的购买理由，广告创意是否能够产生销售力，包装能否形成终端表现力，终端的执行力和渠道的掌控力等这些因素都决定了产品能有多少销量。

所以，笔者始终认为，销量是规划出来的。

营销需要先胜后战。也就是说，产品还没有上市场之前，就已经知道它能够获得认可，能够热销。

当然，这也有概率问题，并不是每个产品都能做到，但至少需要能够把握住关键点，增加成功概率。加多宝操作的王老吉，大红大紫，可是昆仑山矿泉水却一直不温不火，露露杏仁露推广成功了，却推不出第二成功的产品。

我们不能否认，企业的成功需要运气，但要想持续成功还需要有一流的手艺。

本书要分享的就是这一流的手艺。

笔者十几年的一线营销和咨询经验，认为有效的营销都是简单的营销。“简单”也是笔者对超级营销的定义，你所看到的这些思想都是历经各个行业检验的营销思想。

本书并非新的营销思想，而是那些最有效的，甚至被忽略的营销常识。让我们捡回来一起熟悉一下。

对名称的精准定位

好的名称一定与定位有密切的关系，甚至是定位的反映和演绎。同时，也要让名称成为热点，热点首先容易记忆，还能让购买者产生兴趣。

关于名字笔者还提出了一系列的原则，诸如要有画面感，要用视觉语言等，总之，“精准、易懂”的名字是产品热销的第一个要素。

很多品牌的成功都源自其名字，因为名字决定了推广成本，苹果、娃哈哈，包括娃哈哈的“爽歪歪”这样的名字，想不成功都难，因为他们的成本太低了。

让包装跳出来

销售的主战场是在终端（无论电商终端还是传统终端），如果对终端不熟悉，就无法让产品在终端上建立优势，所以在设计产品包装时要建立在对终端充分了解的基础上。

蹲点提炼产品语言和设计产品包装是我们的基本功，我们倡导企业在开发产品、设计包装的时候，不要待在办公室里，而要到终端跟购买者聊天，跟销售者聊天，观察他们的行为，得出最有效信息，这样设计的产品才能在终端跳出来。

这里突出讲包装是因为，很多时候产品最终由包装呈现给消费者，所以，从本质上讲包装设计就是产品的重新开发。

产品要会自我销售

经常走市场的人会发现，购买者看到这个产品，拿起来看看，这时候就要决策是否购买，如果此时有个促销员趁热打铁煽两下火，就促成了销售。可是，这种条件往往不常有，所以要考虑产品的自我销售。

吸尘器大王，科沃斯集团钱东奇说，只要你的产品经得起考验，卖出去的每一件产品都如同一粒种子，口碑的力量使得市场不断发酵和成长。事实上，一个经得起考验的产品也需要整体包装才能让其广为流传。

好产品自己会说话，在消费者可能关注的地方，不断提醒产品的价值。这时产品就是广告，就是海报，就是推销自己的导购员。

保持持续热销

产品的持续热销需要后续新产品的跟进，让新旧产品相互带动，这样才能有持续热销。对于快速消费品而言，推广新产品的能力是企业的核心竞争力。

做到持续畅销需要搭建有序的产品结构，第一个产品热销，要为后续产品的销售奠定市场基础和品牌铺垫。

营销渠道是超级畅销的主战场

产品能销售到什么程度，渠道商的认可很重要，渠道商怎么卖也决定着产品的销量。

笔者为亚洲貂裘皮饰品服务时，不断给渠道商灌输一个概念："要想赚得快，裘皮围巾摊开卖"，"要想发大财，裘皮围巾摆成排"，从而不断增加产品展示空间，加大能见度，销量自然上升。

综上所述，好卖的产品就是**到了终端第一眼能看到，看见之后就想买**。这也是本书要阐述的内容。

刘文新

2013 年 7 月 29 日

目录
Contents

第一章　营销：简单直接的卖货方法 / 1

一、简单直接的卖货方法 / 3

二、高价也畅销 / 7

第二章　打造核心单品 / 13

一、单品突破 / 16

二、用产品制造流行 / 22

【经典案例】圣春二度合作，品牌活力升级 / 26

第三章　战略就是画饼充饥 / 31

一、卖什么，卖给谁，怎么卖 / 33

二、让战略落地的两个手段 / 36

三、战略需要一层一层地来实现 / 39

四、60 分战略 / 41

五、产品是打开市场的工具 / 43

【经典案例】成就禹王“行业用胶金牌定制商” / 44

第四章　做好品牌整体规划 / 53

一、品牌是什么 / 55

二、你的品牌是什么 / 59

【经典案例】中国草原鸭，源自塞飞亚 / 71

第五章　产品是成功的开始 / 81

一、给顾客一个购买理由 / 83

二、产品的三种功能 / 86

三、产品开发要了解市场需求 / 87

四、将产品家族放到消费者的兜里 / 89

【经典案例】华雪啤酒河南突破记 / 93

第六章　价格是利润的杠杆 / 105

一、定价定经营 / 107

二、定价的战略行为 / 110

三、价值是价格定位的根本 / 116

【经典案例】好蜂蜜要卖出好价格 / 119

第七章　渠道布局与终端动销 / 127

一、渠道决定营销模式 / 129

二、样板市场与市场布局 / 133

三、终端动销的策略 / 138

【经典案例】圣春品牌传播的“15 字诀” / 140

第八章　上了货架就热销的包装设计 / 153

一、从同类产品中跳出来 / 156

二、让包装成为第一推销员 / 158

三、让包装成为企业第一宣传媒体 / 158

四、产品包装设计要有延续性 / 159

五、运输包装设计不能忽略 / 160

第九章　“投放就有购买”的广告创意 / 163

一、传播的关键是流传 / 165

二、怎样让广告更有创意 / 168

第十章　用平凡的人打造一流的团队 / 175
一、销售精英是企业发展的最大障碍 / 177
二、培训与训练的区别 / 179
三、用平凡的人训练出一流的营销队伍 / 180
后记：回归常识 / 184
参考书目 / 187

第一章

Chapter 1

营销：简单直接的卖货方法

第一章
营销：简单直接的卖货方法

一、简单直接的卖货方法

营销的本质就是简单、直接地表达你想说的事，不要掩饰**“卖货”**这个崇高的商业目的。卖货是营销始终追求的目标，为企业实现销量和利润，也是营销存在的唯一价值。

本书所要讲的超级营销，就是“简单、直接地卖货”的营销方法。

为什么要强调简单、直接？是因为绝大多数企业羞于直接表达，甚至不愿意直接告诉消费者自己的产品是什么。

我们随处可以见到这样的例子。记得有一份调研显示，63%的企业在宣传过程中没有清楚表达自己的诉求和产品，让消费者自己去猜。

这里有一个例子，是笔者在商超里碰到的。

超市的上行扶梯边上放着这样一款产品，包装非常新奇，随手拿起来细看，却发现这是一款卫生巾产品，于是笔者将它顺手丢在快到电梯尽头的地方，发现这里已经堆了一小堆这个产品了，我跟电梯口的一个工作人员沟通，她说我是第55个丢下这个产品的人，而拿起这个产品的人大部分是男性。

从这款产品的包装上看，吸引力比较强，但唯一的问题就是没有清楚地告诉消费者它是什么产品，也没有清楚地告诉人们这是什么品牌。

现实中，跟消费者捉迷藏的例子数不胜数。还有很多企业为了与竞品形成区隔，将产品设计得非常个性。殊不知，这使产品跳出了同类，却成了异类，消费者仍然不会买单。

因此，笔者觉得非常有必要用超级营销的概念来倡导一下。因为所有的营销行为都是成本，每一个营销动作都是在进行传播，如果企业不能简单、直接地表达，会导致营销成本的提高。

降低营销成本

很多企业喜欢听“低成本营销”这样的概念，致使这个概念广为流传。为什么它能够流行呢？其根本原因在于营销成本太高了，每一个参与营销决策的人都深知这个事实。

参与过营销决策的人都知道营销是一个高成本的事，不可能通过低成本来解决。在营销中你用的每一个词语、每一个图形都是有成本的，在终端的每一个动作都需要付出成本。

所以，基于这个前提，笔者认为，所谓低成本营销根本不存在。

但是，这并不意味营销成本不能降低。

如何降低成本呢？

超级营销的观点是，通过创意来降低成本，通过直接、人们熟知的表达来降低营销成本。前边说每一个词语和图形都有成本，那么直接的表达，用人们熟悉的图形就是降低成本的有效途径；终端动作的标准化，也可以有效地降低终端的成本。

让顾客记住你的产品

其实，营销的每一个动作也都是在传播产品，传播企业的思想，抑或是传播一种生活方式、思维方式。

在这个信息碎片的时代，有研究表明，一个人从早上起床到晚上睡觉，一天的时间最少可以接触到 300 多个信息。那么，这众多信息中，你所营销的产品是被淹没了呢，还是被记忆了呢？

这就是超级营销要解决的问题。

很多人都说这个时代是一个读图时代，专业一点说是右脑记忆的时代。所以，超级营销要求所有的传播用视觉化的语言去表达，这可以有效激发消费者对产品的记忆。

同时，也要打造产品和品牌的视觉特征，这个视觉特征就是本书后边要讲的品牌符号，用品牌符号在这个信息碎片化的时代，编制一个品牌网，将产品和品牌穿起来。

用消费者的语言去说服消费者

很多企业的营销喜欢自说自话，用专业术语、技术语言跟消费者沟通，缺乏对消费者语言和常识的研究，让消费者听了感觉跟自己没关系，所以终端不动销。

还有一个问题，销售人员自己说不出口，经销商也说不出口，导购员也说不出口，只有电视广告可以传播一下，在渠道和终端上不给力，触动不了消费者的购买神经。

以上问题是企业在营销中很常见的两种问题。

招招见销量的营销常识

香菇酱这个品类诞生后，有两个品牌进入了市场，而终端动销也同时困扰了两个企业。一个企业跟消费者说“为生活加点料”，显然在自说自话；一个企业跟消费者说“真香真营养，300粒香菇，21种营养”，连导购员自己都说不出口，广告又不能天天见，怎么卖？

超级营销倡导的思想是，用消费者的语言去跟消费者沟通，让经销商能够说得出口，业务员能够说得出口，导购员说得出口，终端店面老板能够说得出口，这样的语言才能够流传，才能说动消费者购买。

曾遇到一个优秀的经销商，业务员跟他介绍新产品的时候，他一边听一边在纸上勾画，把产品的特点转化成终端店老板、业务员说得出口的话术。用他的话讲，厂家给的产品卖点，大多时候没法说，所以他几乎要为经销的每个产品重新提炼卖点。

需要注意的是，这是一个出色的经销商，也是万里挑一的经销商，绝大多数的经销商没有这个意识，还有很多经销商不会提炼，而企业为什么不能把这事提前做了呢？

是我们市场部脱离市场太久，还是广告公司、策划脱离市场呢？这个现象值得企业深思。

笔者公司有一个方法叫作奇兵（作者所在的奇兵奇胜营销策划公司的简称）情景“兵推法”，就是把自己想象成销售人员、导购人员、终端店主，换位成他们该如何表达这个卖点，如何向顾客推销。我们在作业的时候，最终如何判断，就是要还原情景“兵推”一下。

销售者能不能说得出口，是一个广告语是否有效的一个重要判断标准。

二、高价也畅销

销量是企业的头等问题

为什么很多企业老板痴迷于那些追求财富的成功学，愿意接受把风险压给员工的思路，到处去寻找各种改变企业命运的方式？

凡有这种行为的企业，绝大多数都存在销量停滞不前或增长缓慢的问题。

销量不提升，给员工描述的企业远景，往往被员工当成“忽悠”；销量不增长，给员工增压，往往被员工理解为老板“算计”；市场不获胜，就无法获得一线营销人员的信心。

一个企业的发展遇到瓶颈，老板追求的不该是成功学或是绩效管理的提升，也不是老板要“轻松下来”，更不是用“分配”等方式试图拉动员工的积极性，而是要在营销上寻求突破。只有营销才能解决销量的问题，只有销量才能解决生存、发展问题。

正如老革命家粟裕在其回忆录中特别强调，部队的思想工作最有效的方式就是打一个胜仗，一个胜仗下来，所有的思想问题全解决了。

可能很多人认为，你是做营销的当然这样讲。其实，这个观点是管理大师德鲁克说的，他说：**“企业除了营销和创新之外，一切都是成本。”**

也有人会说，企业不断发展，管理跟不上企业也会走向衰败。德鲁克曾经谈道：**“企业 CEO 最大的问题是把管理当成核心。”**

管理是企业做大的代价，而不是企业成功的根本。也就是说，企业做大必须要付出管理这个代价，但它跟你的成功没有一点关系。

企业的成功首先来自营销，因为营销可以快速提升企业的销量。

对于企业而言，解决一切问题的根源就是销量的提升。你给员工画半年的饼，不如实实在在来一次销量的提升，马上就能增加员工对企业的信心。

笔者曾经服务一个企业，走访完市场后，企业的一些情况让人震惊：研发滞后，产品质量逐年下降，业务员忠诚度也在下降，几近沦为行业业务员，内部管理推诿扯皮、腐败严重，等等。这种情况让人感觉这个企业已经没法生存了，可是企业就是在这种情况下依然活得很好。

为什么？

因为企业的销量每年都在增长。销量的增长让经销商可以赚到钱，业务员也可以赚到钱，企业的品牌就能够不断提升，内部员工也能看到希望，再加上企业在品牌和渠道上的优势。

《孙子兵法》说，“善战者，谋于势而不求于人。”也就是说，一个企业的发展，要创造自己的势能，**规划好自己的战略，不要指望用那么多精英来创造市场业绩。**

为什么有的老板可以让公司赚钱，而且员工还不累，而有的老板却赚钱不易，员工也疲于奔命呢！

这就是销量带来的价值。

销量的四种类型

对于企业来讲，销量不能单纯地理解为企业的销售额，同样多的销售额，对企业来说内涵却不一样。

笔者服务的一个食品企业，他们最高的销售额做到了10多亿元，近两年的销售额基本保持在8亿元左右。可是该企业走的都是低价格、大销量的路线，致使企业市场操作的原动力不足，市场运作的费用也非常有限。我们可以设想一下，如果8亿元的销量，有3亿元的销量是高价格来的，其他5亿元低价格，用来平衡产能获得边际利润，那么企业的市场操作动力就完全不可同日而语了。

所以，同样是销量，其产生的结果往往大相径庭。

依据价格高低、销量大小将销量划分为四个象限（如图1－1所示），分成四种销量模式，即超级销量、问题销量、潜力销量、垃圾销量。

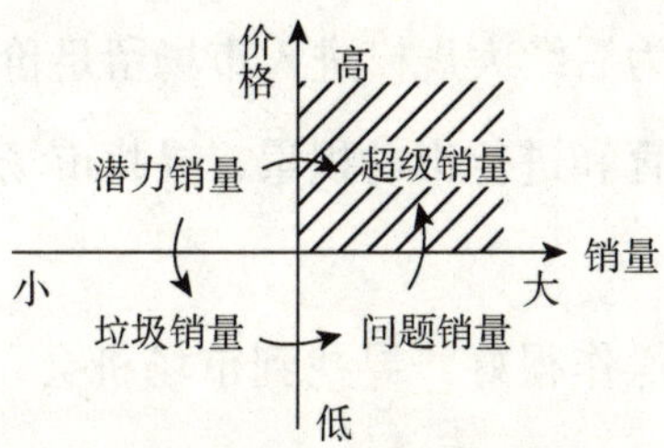

图1－1 销量模式划分

问题销量是大销量、低价格。这种销量可以平衡产能，获得边际利润，也有企业采用这种总成本领先的战略，但是一个很大的问题就是利润有限，发展动力不足。

实际上，总成本领先这种战略，并不适合中国的国情。也就是说，这种销量在开始的时候对企业有益，可以扩大企业的产能，降低单品的价格，但从长远来讲，在竞争越来越激烈、产品同质化越来越严重的情况下，这种销量对企业来讲就会形成一种制约。

不仅如此，企业还会出现一个典型的特征，就是产品老化，渠道老化，这对于企业来讲很危险。在饮料领域，露露就属于这个范畴，新产品推广能力非常差。笔者认为，六个核桃的成功，与露露新产品推广能力差有很大的关系，如果当年露露能够将核桃露产品推广成功，可能今天的六个核桃就是其第二品牌了。

垃圾销量是销量小、价格低。这种销量对于企业来说，可能会出现在一些新开发的市场，或距离根据地市场比较远的市场上，企业不够重视，任其发展。由于运距比较远，这样的市场对企业几乎没有什么利益。这样的市场之所以称它为垃圾销量，是因为即便拿下了这个市场，最终也就是收获了一个问题销量。

潜力销量是销量小、价格高。这个方式符合大多数企业的运作规律，尤其是消费品企业。在推出一个新产品，或进入一个新市场的时候，都是高举高打，为后续大规模进入市场留足价格与操作空间。其目的在于对消费者的培育和进行市场积累，寻找市场切入点，为大举进攻做前期的侦查。

如果这样的市场操作得好，寻找到市场机会，就会转变成大销量、高价格的超级销量。

超级销量是销量大、价格高。对于大多数企业来讲，这是企业的根据地市场，它为企业提供给养，为企业发展提供原动力。

很多人误认为这是企业形象产品产生的价值，实际上，凡是有形象产品组合的企业，其形象产品恰恰很难产生销量，就是一个没有销量的形象。

食品饮料领域的老大娃哈哈，就是超级销量的代表：700 亿元的销售额，120 亿元左右的利润，这不是传奇，而是娃哈哈搞清楚了销量的本质，知道各种销量之间如何转化，知道超级销量的操作方法。

销量如何实现

为什么当前的营销理论不能够给企业带来销量呢？

其根源是没有从销量角度去思考整个营销链条，甚至不知道销量是如何产生的。

很多人单纯地认为王老吉定位一个“怕上火，喝王老吉”就成功了，六个核桃定位一个“经常用脑，多喝六个核桃”就做到了近 60 亿元，事实上，你不知道的是人家的渠道执行力有多么强大。

王老吉被广药拿回去之后，销量为什么大不如从前？很大的一个原因就是渠道力不足。

销量 = 铺货率 × 流转率 × 核心单品数

这个公式对于做快消品的人来讲再熟悉不过，这个公式是从销量角度诠释营销的基础。

铺货率就是将渠道的基本动作重复做。这里边包含经销商的选择与管理，终端拜访与动销等。

流转率是单店的销售流转速度，是铺货率的前提，如果流转率不行的话，铺货率越高，企业的损失越大。

那么，如何提高流转率呢？

要从几个方面进行：一是品牌认知的建立，用词语、名称、符号让消费者快速认知；二是产品本身要有销售力；三是产品包装在终端要能跳出来，并能自我销售；四是广告、促销要有销售力；五是渠道的执行力，比如终端生动化的执行能力也是促进产品动销与流转的一个重要工作。

核心单品数，就是当企业一个拳头产品打出去之后，接下来能够打造出多少个核心单品，核心单品可以有效地组合，占据不同的价格带，至少要做好企业战略的守护神。

其实，就是企业整体的产品战略，从一开始就要确定哪支产品是拳头产品，哪支产品先推向市场，哪支产品次之等。换句话说就是不要等产品老化了再推新品，而是在一开始就将产品家族规划好，等待时机一支一支地推向市场。这就构成了完整的销量组成部分。

它覆盖了品牌战略、产品战略、价格推广、渠道执行、品牌设计整个营销链条。当然，企业的不同阶段，企业战略的差异，也决定了这个公式的侧重点与走向。

不记得谁做过一个形象的比喻，说种子播（铺货）下去，要浇水（品牌）、除草（促销）、施肥（广告）、松土（产品）等才能使产品茁壮成长，实现销量。

当然，企业在发展中，还要时刻监控销量，不断进行调整。这都是具体操作层面的事，尤其是区域经理关注的事。

第二章

Chapter 2

打造核心单品

笔者跟企业沟通时，总是会问三个关于销量的问题，企业在回答这几个问题的时候，也有助于帮助自己理清思路。

（1）企业都有哪些产品？

（2）每个产品的销量占总销量多大的比例？

（3）你的这些销售额都来自哪个区域？哪个渠道？

你也可以用自己企业的情况来回答这三个问题。笔者研究很多行业，发现了一个共同的规律，**如果每个产品销量占总销量的比例都比较小，那么这个企业的总体销售额也不会高。**

再者，如果销售额区域分布比较散，或渠道分布比较散，那么这个企业的销售额也不会很高。

通常笔者到一个企业，只要了解了各个产品的比例，以及核心区域就可以大致判断企业的总销售额了。

很多时候对企业销售额的判断比企业给的还要真实！

在白酒领域，有个叫“百年糊涂”的品牌，只做广东市场就有20亿元以上的销售额，而这销售额绝大部分来自两个单品，一个是500毫升的铁盒，一个是125毫升的纸盒。

安徽古井贡酒，在合肥市场就有10多亿元的销售额，而这些销售额主要来自“献礼产品”和“五年陈”两个单品。

娃哈哈2012年700亿元的销售额，主要来自营养快线、爽歪歪、水这几个单品。

格力空调与海尔、美的等其他家电品牌不同，它只做空调，也成为千亿级的企业。2012年业绩快报显示，实现了1000.84亿元的销售额，净利润73.78亿元，这样的业绩靠空调一个产品实现，总体利润率高于同行业。

笔者之所以将核心单品单独作为一章来阐述，就是因为核心单品对于企业太重要了。研究发现，再大的生意 80% 的效益都来自少数几个单品。企业做产品在于精，而不在于多。

一、单品突破

用核心单品带动整体销量

《财富》杂志有过一个调查，世界 500 强企业中，单项产品销售额占企业总销售额 95% 以上的有 140 家，占 500 强总数的 28%；核心产品销售额占企业总销售额 70% ~95% 的有 194 家，占 500 强总数的 38.8%。

从这个数据上看，成功的企业都是简单的产品组合。

企业首先需要强调的是打造核心单品，并不是只做一两个核心产品，而是推广少数几个单品，使之成为核心产品，为销量、利润创造价值，带动其他产品的销售。

笔者曾经服务过一个企业，其产品有近 500 个品种，给我们提供的销量报表，十来页的表格，销售份额占比清一色的 1%、0%。我开玩笑地说，你们不应该做食品，应该去做电脑，电脑程序都是由“1”和“0”组成的。

因为缺少核心单品，企业销售额不高，市场上没有任何竞争力。

大多数行业一个共性的特征是：**一两个单品带动整个产品群销售。**曾经有人问，那服装行业不可能靠一两个单品吧？

其实都一样，服装行业也同样由一两个爆款来带动其他产品的销售，它可能不会占太多的比例，但如果爆款的销量超不过总体销量的50%，也不会称之为爆款。

据了解，统一方便面的老坛酸菜面占到其2012年销售额的55%，也因为这个产品，改变了康师傅在产品开发方面引领天下的格局。当然，因为它是品类，也存在着诸多风险，这不是这里要探讨的，关键是我们要清楚单品对企业的价值。

在微博上@陈果_George提供了这样的一个案例：中国可能是全世界最大的饲料市场（猪、禽、水产），但是企业规模很分散，一般大型饲料企业要生产和销售上百个品种。江西某饲料企业定位于只做乳猪的饲料，只有十来个品种，短短几年时间就成为中国最大的猪饲料企业之一。

核心单品的产生路径通常有两种。

一种是市场上自然形成，目前国内市场这种情况比较多，它基于一种“广种薄收”的思想，大批新产品上市，推广资源平均化，看产品在市场上的销售表现，哪支产品表现好，再下功夫培养。

这种方式在无法确定产品能否畅销，企业缺乏产品推广核心竞争力的情况下，无疑是一种有效的方式。

另一种是企业有计划推广的结果。企业会为整个产品家族确定战略任务与使命，然后有步骤有计划地推广。当然这中间可能有失败的产品，但这支产品也会为整个产品团队贡献自己微小的力量。

这是战略的产物，也是企业的核心竞争力。

对于快消品企业而言，新产品推广能力就是核心竞争力。

核心单品能树立品牌

每个品牌都有一个招牌产品，也就是我们讲的核心单品。提到茅台，人们会首先想到“53°飞天”，提到五粮液马上想到水晶瓶，说到洋河马上想到蓝色经典，提到王老吉就马上想到红罐。

其实，消费者对品牌的认识是从具体的某个单品开始的。

之所以品牌认知越来越模糊，是因为消费者认知的那个单品没有成为企业的核心单品，再就是产品层次不清晰，产品特征不明显，导致整体的混乱。

笔者始终强调，设计好品牌特征，让所有产品成为“伞下产品”，让每一个产品无论成功与否都会为整个产品家族积累价值。

在现实中发现，很多企业的成功，影视明星的成功都是由一个产品，或者一部电视剧、电影，或是一首歌而实现。

在王老吉没有成功之前，2003年加多宝和很多中小企业一样，既做凉茶，又做水、茶饮料等多个品种，那时候也就一个多亿的销售额，直到聚焦在红罐王老吉凉茶之后，才创造了饮料行业的奇迹。

六个核桃近几年崛起，2012年销售额实现了近60亿元，而它在聚焦核桃露之前，也有碳酸饮料、果汁饮料、含乳类饮料等近15个品类，销售额始终上不去，最终还是聚焦在一个单品上才获得品牌和销售额的突破。

对于中小型企业而言，也不要盲目聚焦，尤其是食品饮料行业，如果销售额还不够大，聚焦在一个产品上往往风险也比较大，所以要在资源能力达到一定条件之后再聚焦。

康师傅方便面一直靠“红烧牛肉面”统领整个方便面市场的江湖，在研发上也始终引领整个方便面行业，直到“统一”推出“老坛酸菜面”之后，局面才被扭转，“统一”也因为“老坛酸菜面”这支产品，获得了更大的铺货率，销售额也提高到前所未有的40亿元。

李幼斌一直不温不火，直到一部《亮剑》引爆了他的能力，从此而崛起。周星驰一直是个跑龙套的角色，直到1990年主演了《赌圣》，创造了无厘头喜剧风格后，才一发不可收拾，成为“喜剧之王”。

以上案例反映了一个成功的规律：单品突破是成功的起点。

如何实施单品突破

很多企业喜欢“东方不亮西方亮”，而不愿意实施单品突破，认为这样风险比较大。

其实单品突破的本质是资源聚焦。在军事中，集中兵力就是要集中优势兵力实现点上的爆破，从而实现全面的胜利。

单品突破，看似是一着险棋，但从各个行业经验上来看，却是一个成功率最高的方法。在现在的环境中，对很多企业而言，因为资源有限、竞争残酷，我们输不起，只有挑选自己最精干的产品，聚焦所有资源，实施突破，才有成功的可能。

对于大企业而言，可以利用规模的优势，构建推广、技术等壁垒，实现单品的成功；也可以通过对地面销售商的压力，来实现产品对终端的抢占。

像娃哈哈这样的企业，每年都会推出新产品，区域市场也会重点推广公司的一款在本地还不成熟的产品。在其内部有一个共识就是，当销量面临压力的时候，最有效的方式就是推广新产品。

当然，它也有大量的新产品推广失败，但这都无伤大雅，对它的品牌伤害不大，因为它已经有几个成功的核心单品。有人说这叫用成功消化失败，这个说法很正确。

这个世界失败是普遍的规律。有个调查说，每年上市的新产品95%都会失败，只有少数成功，这符合市场规律。

很多人指责茅台做葡萄酒和啤酒会破坏品牌认知。事实上，茅台的认知早已由“飞天”建立起来，这些无伤大雅的产品又怎么会影响茅台的认知呢？

对于小企业而言，单品突破只有一招，那就是速度，要靠爆发力来实现。规模是大企业的专利，而速度则与规模无关。

记得有个故事，张瑞敏给中层开会，问什么可以让石头飘起来，大家想了很多办法，最后张瑞敏说，唯一的办法就是用速度让石头飘在水面。

打水漂是儿时玩的游戏，无论大人还是小孩，都能做到。同理，小企业也同样可以用速度将产品引爆。

实现单品突破要做好几个工作。

（1）爆发式铺货。

集中力量，像特工队一样，调集公司销售能力强的人员，将货一次性铺到终端，形成终端视觉、推广上的气势，也形成库存上的压力，带动终端积极推广。同时，在对手还没有反应过来的情况下，挤占终端的库存和货架，实现标准的生动化展示，构建终端热销的氛围。

爆发式铺货，必须在人员上保障。笔者服务某食品企业的时候，将企业每个区域调3～5人到上海市场，经过一周的基本训练，这支几十人组成的特战队协助经销商对终端铺货，一周的时间，对手信息还没反馈全，我们第一轮的铺货已经完成了。

这种方式是笔者团队惯用的手法，为了研究渠道特战队的训练，我们将各种关于特种兵的电视剧都看了很多遍。

这种方式要的就是速度，要的就是集中力量做市场。据了解，三得利啤酒也用类似的方法做市场，他们集中一个团队，一个县一个县地开发市场，拿下一个市场后，留下两个人维护市场，其他人员继续开发新市场。

（2）补货动销。

经销商普遍存在的问题是缺乏信心，不敢向消费者推广新产品，无数次的失败经历让他们越来越保守，产品不动销，就不敢补货。

所以，货铺上去之后，补货是关键。没有补货，铺再多的货也没用，反而还会给自己造成损失。

动销建立经销商的信心，实现补货。动销的形成，除了公司集中力量推广外，终端接货量也是一个重要因素。大家都知道，快消品领域动销的关键在老板和店员的推荐，比如饮料产品，终端只放一箱，很快就被其他产品淹没了，如果拆箱铺货更麻烦。通常而言，3 箱是个有效的终端铺货数量，即便卖不了，老板可以自己喝或送朋友喝，损失不大。这样做的目的是为了增加终端压力，促使终端主动推销。

另外，通过大户带动也很关键。大户主动补货，小户自然也会跟进，因此补货的政策一定要大于铺货的政策，否则铺货政策一次到底，后边就很难跟进了。

（3）推广要突破临界点。

快消品的推广临界点是 3 轮。就像挖井的故事，还有一尺就挖到水了，结果放弃了，重新挖，结果又差一点，又重新开始。这样既浪费资源，又难以实现效果。

一般来说，快消品一定要组织3轮以上的推广，只有这样才能奠定新品在市场上的地位。

（4）滚动做市场。

做市场有一条铁律：如果按照成功的结果去做，就一定能够成功。所以公司一定要进行试点，模式调试好之后，才能大规模复制。而且，一定要先建立标杆区域，通过标杆区域的成功，建立周围经销商的信心，进而实现各个区域的滚动复制。

二、用产品制造流行

一个成熟的产品需要时间积淀，需要持续不断地修正，但流行可以快速实现，产品的热销多半也是基于流行。

流行就像消费者在一起开会表决一样，一夜之间大家都开始选择这个产品了。

流行有规律

很多人都在讲，成功总是被总结，但总结之后的东西往往很难再创造成功。的确，流行很多时候无法控制。

Hush Puppies（暇步士）鞋子，早些年都快死了，突然从纽约苏豪区流行了起来，目前在中国的三线城市都开始流行了。

我们也知道流行非理性，也难以控制，但研究诸多行业的畅销产品后，发现这些产品的流行还是有一些内在规律可循。

流行是从少数人开始，也就是通常讲的舆论领袖，然后其他人开始模仿，最终实现流行。这也有个临界点，模仿达到什么程度，会突破临界点，这个还有待于深入研究。

依据不同领域，选择有带动作用的意见领袖，有的领域需要一个群体来带动，有的领域需要城市来带动。比如，时尚的流行，从国际角度，以法国为中心引领全球的流行；在国内则以上海、广州为中心引领全国。

还有靠群体引爆，比如，茅台酒靠军队、政治人物引领，最终成了国酒。中华烟则是从北京开始，据说苏烟的崛起是由省长这个群体开始的。

制造流行三部曲

《如何制造流行》这本书提到制造流行的三个法则：**一是附着力法则**，就是通过产品本身、产品沟通要素、广告等因素让人们传诵；**二是个别人物法则**，实际上就是通常讲的舆论领袖的引导，而舆论领袖要引领的就是附着力法则的内容；**三是环境威力法则**，微小的外部环境可能是流行的诱因。

1. 可以流传的“小名”

小名是消费者赋予品牌的昵称，一旦被消费者以小名来称呼这个产品，那么这个产品一定会大卖。比如，牛栏山的“白牛二”，衡水老白干的“极品39”，娇子烟被消费者称为“花娇”，娃哈哈的爽歪歪被孩子们叫“歪歪”。

产品的小名一定是口头禅类的名称，这样口语化的名称容易传播，易于流传。虽然有不可控的因素，但是只要实时监控，一旦出现这样可以流传的“小名”要马上加以引导和传播，流行就有可能形成。

2. 从产品上制造流行

产品本身要有特点和个性。产品的外形，产品与消费者的自然对话，都是创造流行的关键，苹果与三星各领风骚一段时间，其实都是从产品设计角度出发的。

流行物本身要过目不忘，至少想给人留下很深的印象，要从产品外观、功能、使用体验等方面下功夫，让人印象深刻。也可以在产品购买理由上，与消费者沟通的语言上形成特点。

知名度是流行的法宝之一。只有大家都知道的品牌，其产品流行的概率才更大。在中国知名度非常有效，一些企业通过不遗余力地打造知名度，实现了产品流行。

另一个是渠道和终端。这往往是流行的源头，尤其是终端产品陈列、标准化和生动化，或者终端店主的推荐，会给消费者一种“假象”，这个产品很畅销，很流行。

当然，对于酒水、饮料、食品领域而言，口感也是能够流行的。比如，过去在北方很多人不适应酱香型白酒的口感，但随着茅台品牌渗透力的不断增强，很多北方人开始喜欢上了酱香口感，酱酒的流行步伐也越来越快。

3. 易于流行的广告

广告也是创造流行的一个有效的手段。

赵本山每年都创造一个流行词语，这与发布的平台有关系，更与消费者流行的思想与需求有关系。

朗朗上口的词语也是创造流行的要素，它是消费信息的精华，好记易懂，附着力很强。同样的诉求，“喝出男人味”比“男人的情怀”更容易流行。当然流行是要有空间的，终端不行，流行就只能停留在人们的谈笑间。

4. 图形也是制造流行的重要元素

小孩还在牙牙学语阶段，主要从图形中获得信息。从婴幼儿的图书中也会发现这个现象，这个阶段都是用图形教孩子，这对孩子来讲，会形成非常深刻的记忆。

据说苹果 iPhone 手机上的图标，很多都是应用了人们在婴幼儿时期最熟悉的图形，包括手机屏幕的颜色，若你认真去研究，会发现这个颜色非常熟悉。其实，这些都是儿时经常玩的玩具的颜色。

应用人们熟知的图形，更容易激发人们“熟悉”的经验，从而获得对人们行为改变的作用。

研究表明，人们更倾向于熟悉的事物。比如，2009 年《体育画报》做了研究，他们向 NBA 球员抛出了同样的问题：“当比赛进入一球定胜负的关键时刻，你会选择谁担当重任，做出最后一投呢?”结果 76% 的球员选择了科比，这也是大众的选择。在大众的投票中，科比的得票率是第二名的 25 倍。而事实上，安东尼的投球命中率高达 56. 5% ，科比只有 45. 7% 。

之所以大家都选择科比，很有可能就是因为人们更熟悉科比，他的知名度比安东尼高很多。

所以，品牌或产品一旦嫁接了人们熟悉的图形，往往也能够创造流行。

【经典案例】圣春二度合作，品牌活力升级

圣春有40年的发展历史，拥有多项国家技术专利，持续40年引领中国散热器技术，持续40年推动中国散热器发展，是中国散热器行业标准的参订者。

奇兵从2005年6月开始成为圣春冀暖散热器公司的全案策略顾问，其间为圣春规划品牌战略，确定了“领航技术，持久品质”的品牌核心价值，“中国采暖散热器领航者”的品牌定位，“持续40年引领中国散热器技术”、“持续40年推动中国散热器发展”的品牌口号。

优化设计了圣春营销模式，确定了以“品牌、渠道”为核心的营销模式，从2007年开始发力，2009年底公司销量从4个多亿突破到10个亿。

2012年奇兵再次为圣春重新梳理羽翼，丰富圣春内涵，助力圣春走向品牌升级之路。

1. 圣春——引领行业新标准

如今，圣春“中国采暖散热器领航者”的定位越来越得到大家的认可，但通过进一步对市场的了解，我们发现，这个定位却略显单薄。单从“40年”这个角度出发，已经不足以满足现在客户对采暖散热器的市场要求。我们首先需要做的，给这个定位填充血肉，让定位丰满起来，只有让这个定位活起来，市场才能活起来！

我们深入研究了整个散热器行业现状和圣春本身的特点，同圣春企业各个部门的人员进行了沟通。我们发现，散热器行业总体上来说，是

没有什么标准来供人判断的。客户选择产品时，基本上也没有自己特有的判断。各个市场竞争者基本上也是自圆其说，很难有个统一的话语。那么，情况就显而易见了，这个行业的现状就是等着有人站出来，告诉大家散热器优劣的标准是什么，怎样选择采暖散热器。

接下来的事情就顺理成章了，通过梳理企业的优势，我们为圣春建立了“圣春5优标准”，即品牌优、规模优、产品优、检测优、服务优，并对每一条标准给出了圣春明确的内容和条件。品牌优，老大品牌有保障；规模优，规模实力确保供货及时；产品优，四大细节保障产品安全舒适；检测优，三次试压、百道检测提供片片精品；服务优，五步立体服务确保购后无忧。

接着“圣春5优散热器，行业新标准”，为圣春重新找到了行业的位置！通过这一系列话语体系的完善，圣春“中国采暖散热器领航者”的定位就站得更稳了。

2. 圣春12345，打破圣春老旧形象

“圣春5优散热器，行业新标准”这样的大方向有了，但我们觉得还是不够落地，不够有冲击力。圣春这样几十年的“老”企业，需要的是一次强烈的洗礼，把身上的腐朽去掉，展现出自己最强大的力量。

怎样让我们的标准从视觉上更具有冲击力，让人能够眼前一亮呢？

我们根据“圣春5优”为圣春设计了符号“圣春12345”。如图2－1所示。

圣春12345

图2－1 “圣春1345”标识

这个符号从视觉上看，很有冲击力，而且很容易记住。在设计中为了达到更好的效果，我们创意性地应用了暖气管道等因素，更是直接体现了圣春的行业。关键是，这样的形象一下子就推翻了人们认知中“40年”的老旧形象，让整个圣春散发出一股新的活力气息。

符号确定后，就要一体化地应用在产品、传播中！“圣春12345”这样的传播内容，传播起来是十分方便简单的，在我们看来，这就是最能为企业降低成本的符号了！

3. “无忧采购，认准圣春12345”

我们一直要求购买理由一定要口语化，因为能够被业务员、销售员说出口的话才是有效的，否则就是浪费。而且在这一句话中，最好有品牌名称在里面。我们都知道消费者都是健忘的，只有不断地重复传播，才有可能让客户记住你。另外，在购买理由里要有购买指令，要有能够触动客户的点，让人有想要购买的欲望。

我们对散热器的消费人群进行了分析，发现圣春的消费客户大部分是工程上的大客户，只有一小部分是个人消费购买。对于这样的客户，圣春的诉求是什么呢？我们为圣春找到了这样一句购买理由：“无忧采购，认准圣春12345。”好说、好记、好用。无论是企业的业务员还是终端销售员在传播这句话时，都没有任何障碍。而且“无忧采购”是客户的要求，也是圣春的保证！如图2－2所示。

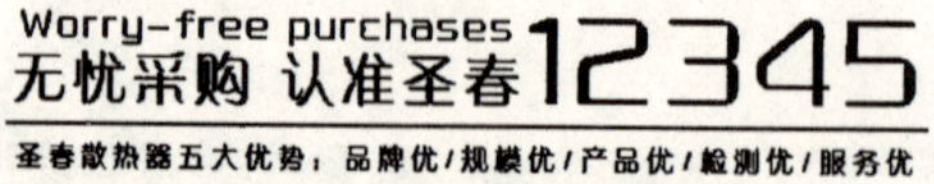

图2－2　圣春宣传标识

4. 品牌落地，快速传播

工业品和快销品的渠道是不一样的，能够应用的传播方式也不同。为了更好地传播圣春的理念，最大限度地利用现有资源，我们规划了多种途径。对于内部人员的传播，不但通过培训让企业内部各业务员了解，我们还特意设计了业务员平时使用的笔记本，在笔记本内部放上“圣春5优”等内容。让业务员能够不断地看到，才能记住。为了方便业务员传播和客户记忆，我们还专门设计了几句话！

无忧采购，认准圣春12345

1个品牌40年，创造无数经典；

2亿总资产，产品供货有保障；

3次试压100道工序检测，缔造片片精品；

4大细节彰显圣春品质；

5步立体服务确保购后无忧。

记住了，圣春12345！

为了更好、更清晰地传播，我们还为圣春设计了圣春形象手册和产品手册。在册子里面，以“圣春5优”为主线，详细讲述了圣春的优势。

这样，圣春在原有的基础上又焕发出新的光彩。通过这次品牌升级，圣春的形象在客户面前更加清晰和鲜活。不再只是“领航者”，而是“老大哥”，是行业标准的建立者，是无忧采购的首选！圣春不但在工程方面的地位更加稳定，在零售终端更是成为消费者的首选！

第三章

Chapter 3

战略就是画饼充饥

战略就是划地盘，占领消费者认知中的某一个位置。为了实现这一目标，组织各项资源，聚焦产品，打造行业首席知识官。

一、卖什么，卖给谁，怎么卖

“谁是我们的朋友，谁是我们的敌人。”这不仅是革命的首要问题，也是企业战略的首要问题。企业首先要明确我们卖什么，卖给谁，怎么卖，确定在哪个地盘上、哪个位置上聚焦资源。

战略的本质就是企业发展的路线图。确定企业在市场的哪个地盘上进行决战，在哪里聚焦资源，并确定在这个版块上的发展层级和步骤。

先画一个饼，然后再按照步骤一点一点地实现这个饼。就像笔者为圣春采暖散热器企业规划的战略那样，当时还只是生产销售铸铁暖气片，到今天已经发展成为铸铁暖气片、钢制类暖气片、太阳能采暖、地板采暖等综合型的采暖企业了。

这一切都源于“中国采暖市场领导者”的战略定位。2007 年奇兵将这个饼画出来后，就开始圣春的战略之旅，也顺利地实现了销售额从不足 4 亿元到 10 余亿元的飙升。

也就是说，圣春在“中国采暖产品第一品牌”这个点上组织数倍于同行业的资源，进行战略决战。所有新项目投资、并购都以这个战略为基调。如图 3 - 1 所示。

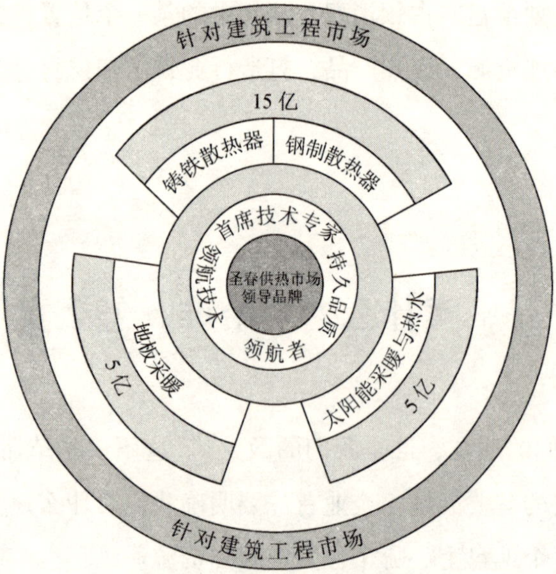

图3－1　圣春的企业战略

虽然这个战略聚焦点不是战略的全部，但你只要抓住了这个点，就已经走在正确的路上了。至于为什么要聚焦，很显然每个企业的资源都有限，在有限的资源中，你不可能什么都干，必须有所取舍。在起步阶段，为了生存可以什么赚钱干什么，但积累到一个阶段后要逐渐聚焦。

兵力原则讲兵力大者胜。很多人喜欢听以少胜多、以弱胜强，用最小的投入获得最大的回报的故事，实际上这些都是人们美好的愿望，即便有这种事实出现，那也是英雄们干的事，英雄毕竟是少数人，而这个世界的规律是：**成功的少，失败的多。**

记得有个关于95的说法：95%的人想创业，最终只有5%的人创业，而这5%的人中又有95%的人失败。这个数据虽然不准确，但是反映了一个本质问题，就是失败是主流。

在这样的规律下，我们该怎么做？

那就是**"在某一定位下组织数倍于对手的资源"**。

笔者为华雪啤酒确定了“新鲜”这个战略定位，从产品、宣传等角度聚焦“新鲜”，在“新鲜的啤酒”这个市场上与所有的同行进行决战。我们规划百分鲜、十分鲜、天天鲜的产品结构，大量的新产品将不断进入市场。有成功的，也会有失败的，但是失败的产品除了贡献一定的销量或利润外，也在为“新鲜”这个战略地位不断做加法。如图 3－2 所示。

“新鲜啤酒王国”

将新鲜做战略来操作，通过产品、宣传等整合运作，形成华雪啤酒只卖“新鲜”啤酒（非鲜啤）的战略格局。

图 3－2　华雪啤酒的“新鲜”战略

这就是战略价值。

关于画饼充饥的战略，通俗一点讲就是以终为始的思想，也就是说，先设计未来要达到的目标和战略地位，然后倒推今天的目标和策略。

很多行业都在进行新一轮的产业整合。比如啤酒行业、红酒行业都是产业高度集中的行业，农资行业也将实现产业高度集中，这就需要企业基于未来设计现在，设定将来最低生存门槛。

关于画饼充饥战略，蒙牛 1999 年的战略规划可谓经典。当时蒙牛的销售额只有 5700 万元，牛根生在内部开会的时候，在黑板上写下了未来 5 年的发展目标：7 亿元、20 亿元、50 亿元，一直到 2005 年的 100 亿元。

当时，很多管理人员都认为牛总把小数点点错了，牛根生说没有错，我们就是要按照这个目标发展，因为当时他看到未来 5 年乳品的市场容量将达到500亿元，他想占前三名就必须达到200亿元，但是没敢写那个目标，而写了100亿元。

结果我们都知道，2005年时，蒙牛实现百亿的目标。这就是以终为始的战略思想，如果没有这个目标，蒙牛也会快速增长，但是绝不会以“火箭的速度”增长。

因为确定目标之后，要为这个目标来匹配各种资源。

二、让战略落地的两个手段

战略实现是战略发挥作用的核心，通常战略的实现途径要从两个方面着手：一是产品结构，二是建立权威的资讯中心。

产品结构

产品结构或业务结构，都围绕战略定位展开，战略定位需要通过一系列相关的产品来实现。笔者为塞飞亚草原鸭设计“中国草原鸭，源自塞飞亚”的构想，企业就要围绕鸭肉设计产品结构，而不能跳出再做其他肉类产品。

田七牙膏，定位中药牙膏，那么它的产品就必须围绕中药来展开，于是就有田七基本型产品、本草型产品等，用产品结构来强化定位。

产品结构是战略的实现路径之一。

那么，什么是好的产品线呢？

国内企业在产品经营中往往出现两种极端的情况。一种是企业凭借成功的市场运作将一支产品推广得很好，但是缺少后续的支撑产品，造成企业产品断档！

有的虽然有后续新品推出，但是选择的时机不对，往往是在单产品运作处于成熟期即将进入衰退期的时候，才着手第二支产品，造成企业经营业绩和利润每况愈下！

另一种情况是，企业的技术和营销观念很先进，自认为拥有很多有潜质的产品，即使针对无利润可赚的产品，也不愿舍弃，造成产品线烦琐混乱，最终没能给企业带来真正的业绩增长！

企业应该“取其精华，去其糟粕，于精华之中规划、完善和建立产品结构”，这才是企业健康发展的明灯，才能有利于企业更长久发展。

产品布局

大型跨国公司进入中国市场通常采用多品牌平行运作，这种平行战斗方式，需要大量的资金实力去维护。

比如，宝洁公司在中国市场推广的洗发水就有 6 种：海飞丝、潘婷、伊卡璐、玉兰油、飘柔、沙宣。不同品牌产品针对不同人群，这种“一品多牌”的产品，占领更多的细分市场，分散经营的风险，但是对于中国的企业不适合。

中国企业资金有限，只有将资源重点集中在一两个产品或品牌上，在局部细分市场突破，才有成功的可能。

这时我们就需要一支明星产品冲击市场，一支产品的攻击毕竟势单力薄，需要其他产品的辅助和配合，这种战斗机式的组合，是我们的制胜法宝！

差异化的明星产品是飞机的机头，利用精准的定位，占领市场，获得中等利润。

明星产品的保护型产品是飞机的双翼，狙击竞争对手，保护明星产品，给企业的利润并不多。

稳定性产品是飞机的机身，公司的长线产品，具有稳定的市场份额和知名度，给公司带来利润回报。

构建权威的资讯中心

战略就是企业通过产品和营销的努力成为某个领域的权威专家，成为某个领域的首席知识官，当别人有这方面需求的时候，都到你这里来寻找相关的资讯。

笔者为亚洲貂确定“裘皮服装时尚专家”这个资讯核心，从企业网站、店面信息、品牌传播等各个领域均展开对裘皮时尚的信息传播，构建裘皮时尚这个权威的资讯平台，逐渐形成消费者在裘皮时尚领域对亚洲貂的依赖。

定位资讯中心，从两个角度去操作。

一是从品类角度，确定品牌在哪个品类上下功夫，去创建、争夺、占领一个新类别，赢得话语权，任何一个还处于成长阶段的品牌，在别人的类别、话语体系里边都难以有建树，必须去创造一个品类，或者争夺一个、占领一个类别，才能实现突破。

品类多数时候是物化的，但有时候也会突破类别的限制，比如乔布斯的苹果在做什么品类呢？几乎无法为它定位，但它进入任何领域都可以实现巨大的成功。它不是电脑公司，也不是移动设备公司，更不是电视制造商，所以，它是以“创新产品”这个大概念展开的类别争夺战，实现了各个领域的突破。

旺旺这个品牌，它以“旺仔小馒头”、“旺仔牛奶”、“QQ 糖”为核心构建了针对儿童市场的产品结构，虽然它所涉及的领域也很多，但它**都**围绕儿童这个群体在开发产品。**可是**它在整个话语体系上还没有搭建起“儿童食品”这个资讯平台。

另一个操作是要找到一个词语，让它成为定位这个领域的中心。如果王老吉没有定位成“怕上火”这个词，它能够获得成功吗?

三、战略需要一层一层地来实现

战略也是公司的顶层规划，需要在方向、资源的聚焦点确定好之后，一层一层地推动执行来实现最终的战略目的，即战略决战。

实现战略分层落实，可以依据企业的资源现状，将所有的资源逐渐向战略焦点转移，有序地过渡，这对于有历史的公司是非常必要的，也是安全的。

笔者为禹王化工设计的战略就是采用有序过渡的方式进行的。当时企业产品和资源更多集中在 502 胶水上，而这个传统产品的市场容量在逐年减少，必须进行战略调整。就像当年红军进行战略转移一样，需要跳出这个圈子，找到更宽阔的天地。

于是，笔者在“行业用胶金牌定制商”的战略定位基础上，确定了通过“5 年三层”来完成战略决战。如图 3 – 3、图 3 –4 所示。

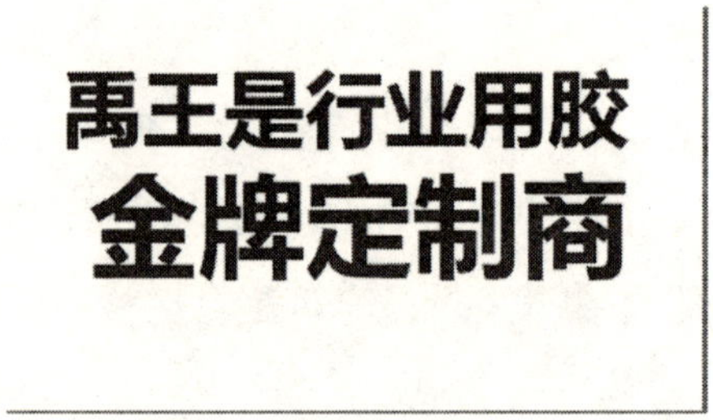

图3-3　禹王的战略定位

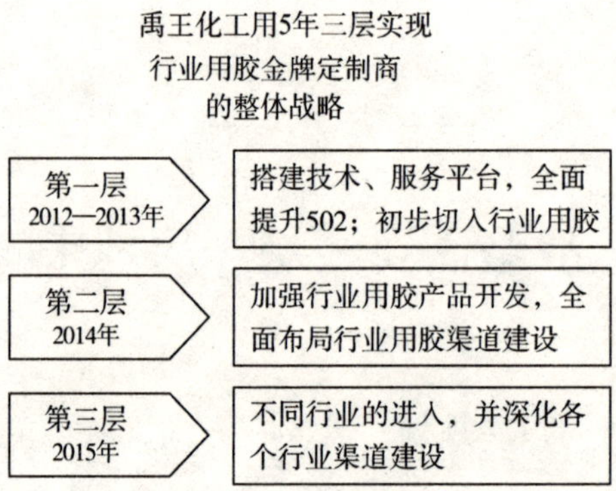

图3-4　禹王的5年战略规划

战略也可以从产品角度来实现。不同阶段打造不同的产品，用产品战略来实现企业整体战略布局。企业选择拳头产品，通过产品的成功打造，再推第二支产品，第三支产品，几支产品成功上市之后，有了一定的认可度，逐渐实现战略目标。

四、60 分战略

60 分战略是微博上一个叫李想的人，在汽车领域提出的一个观点，他说：

"豪华品牌都在追赶奥迪、宝马，但是有几个做到奥迪、宝马的认真程度？有几个能做到新车发布当天让媒体出测试（非试驾）文章和官方出完整配置表的？奥迪、宝马在踏踏实实做 0～60 分的事情，且 60 分以上也不差。但是追随者们天天在研究 60 分以上的事情，研究代言人和广告形态，最重要的 60 分根本就不关心。"

这个评论很本质，将绝大多数企业的问题揭露出来。很多企业整天研究对手，研究如何搞绩效考核，如何做广告，如何从经销商那里圈钱，却不去做 0～60 分这些基本的事情，总想着出奇兵，用最小的代价获得最大的回报。

这个世界是公平的，你只有做好了本质的事情，也就是做好基础工作，才会获得回报。

在这个基础上，笔者提出了 60 分战略。倡导企业要先把基础的工作做好，比如产品、渠道建设等，再去研究如何超越。

正如打胜仗的军队，总是先创造胜利的势能，获取胜利的条件之后再投入战斗，基本上开战就能够胜利。而打败仗的军队，则是不管准备如何，上去再说，再想办法获得胜利的机会。

现实中，有很多企业产品没有规划好，要到了市场上之后再完善，渠道不行就盲目扩张，美其名曰在市场一线中找到市场的缝隙。

成功的企业总是扎实调研、详细规划，选择试点市场进行试销，然后才大规模上市。而经常产品上市失败的企业，则是先把产品推上去，不好卖了再想办法、调策略，结果还是不好卖。

《孙子兵法》的“以正合，以奇胜”，这里边分奇兵和正兵：正兵就相当于企业战略，或者产品上市之前的整体规划。“奇”在古代称为“余奇”，正兵都安排好了，余下来的兵力，在关键时候用，就是奇兵。

所以，企业做好基础工作之后，才可能出奇兵。

奇兵不是和正兵对立存在，而是相互依存，没有正兵就没有奇兵，奇兵始终在正兵之内，这才是对奇兵的正解。凡是没做好基础工作、只想出奇制胜的企业找到我们，笔者都不敢接，因为没有正兵牵制，奇兵就是孤军。

在食品、饮料和酒水企业中，每年都有因为基础不扎实而衰退的例子。团队不够成熟、产品缺乏系统性，想通过不断的招商来获得市场扩张。事实上，招商会结束后发现，不是经销商不适合自己，就是有实力的经销商考察完企业，弃企业而去。最终，几百万、上千万的费用出去，市场效果并不理想。这个招商没有成为奇兵，反而给企业带来了“奇伤”。

同时，奇兵与正兵也是不断变化的。奇兵可以转化成正兵，正兵做到位了，出任何一招都是奇兵，都可以出其不意。

这正好与“先胜后战”相呼应。

先把基础的事做好，你的销量、你的增长方式就会以奇兵的方式增长。

在企业中什么事是基础的事呢?

笔者认为两件基础工作做好，企业就可以实现快速增长，如果再配合其他手段，则会发展得更快。

这个基础工作是产品和渠道。

从苹果与三星的竞争中，你就会发现产品在市场上的重要性，可以说这个世界根本不存在品牌忠诚度，真正的忠诚是产品忠诚度，苹果的iPhone产品没有三星亮点多了，三星马上开始流行，好像不用三星就落伍了一样。

其他品牌也一样，你是忠诚于可口可乐这个品牌呢，还是忠诚于美汁源这个产品？显然，绝大多数都是忠诚于产品。

渠道也是企业的一项基础工作。渠道不行，再好的产品也难以有好的销量，是渠道将产品送到消费者面前。在做渠道工作方面，除了一定程度上的创新之外，就是不断地重复，再重复。

五、产品是打开市场的工具

一个企业可以没有技术，可以没有工厂，也可以没有销售人员，唯独不能没有的就是产品。产品是企业的核心，从企业诞生的那一天起，它就在其中扮演着重要的角色。

企业要设计好每一个产品，设计好整体的产品结构，每个产品的战略任务与使命，再逐渐有次序地推出这些产品，为整体战略的建立奠定基础。

产品既是战略工具，也是战术工具。作为战略工具，它可以实现品牌认知，实现在某个领域的话语权；作为战术工具，它是销量增长的有效工具，也是市场进攻与市场防御的有效武器。

【经典案例】
成就禹王“行业用胶金牌定制商”

禹王化工是山东禹王实业集团有限公司的一个下属分公司，是一家专业研究生产胶黏剂的厂家。其“禹王”是国内胶黏剂行业知名品牌，山东省著名商标。销售网络遍及国内大小城市。然而企业产品和资源过度集中在502胶水上，而这个传统的商品市场也在急速枯萎中，企业利润在逐年下降。

在这样的背景下，2011年奇兵与禹王开始了战略合作，帮助禹王化工调整战略，提升品牌与销量。

项目一开始，奇兵就集中骨干力量对胶黏剂行业和禹王的产品做了详细的市场调研，目的在于了解整个胶黏剂市场及禹王502胶水在市场的地位和将来产品推广过程中可能遇到的问题。通过对产品经销商和使用者的访谈，寻找品牌符号，深入挖掘整个胶黏剂行业的市场容量和各种不同类型产品的市场进入难度，为将来合理优化产品结构打好基础。

调查采用问卷方式以及对经销商、使用者进行深度访谈的方式进行。我们兵分两路，一路是北京、保定、郑州、临沂、济南的北方市场，另一路则是上海、苏州、南京的南方市场。

近一个月的走访调查，我们基本摸清了中国胶黏行业的发展现状：

(1) 行业产销平衡，发展速度快。

(2) 水基型胶黏剂市场占有率最大。

(3) 建筑建材、木材加工市场需求量大。

(4) 通用型、低档产品同质化，行业利润压缩。

(5) 行业集中度低，创新不足。

(6) 高性能、高技术产品达不到市场要求，性能不稳。

同时，也发现了禹王502产品在不同地区之间的共性问题：

(1) 禹王产品线单一，市场份额薄弱。

(2) 品牌认知度和识别度低。

(3) 公司支持和宣传力度不够，经销商的推荐意识差。

(4) 业务人员积极性差，缺少开发新客户的意识。

(5) 销售渠道和管理模式不完善。

(6) 价格处于中档，不占优势。

(7) 部分产品批次质量不稳定，造成缺乏产品品质的印象。

结合两者的调查结果，发现禹王的产品除了502胶在市场上占有一定份额之外，其他胶类产品在市场上几乎没有什么份额，禹王的销售额全集中在502胶这一个产品上；另一方面胶黏剂行业的市场细分主要集中在产品的品类上。

通过行业数据和与行业专家的沟通，我们发现，502这个产品是胶黏剂行业崛起的一个品类，但是也是一个逐渐衰退的品类。目前整个502品类的市场容量只有12.7亿元，这么小的市场容量限制了企业的发展。虽然禹王502在整个品类中处于领导地位，但是仍然无法做“小池塘里的大鱼”。

1. 整体战略必须调整

这时，摆在奇兵面前的一个课题是：禹王化工的战略该如何调整。

我们开始为禹王规划进入其他胶的品类，比如进入AB胶、万能胶、装饰胶等领域（如图3－5所示），建立一个“胶类产品整体提供商”的战略定位，于是开始对这些品类进行深入研究。

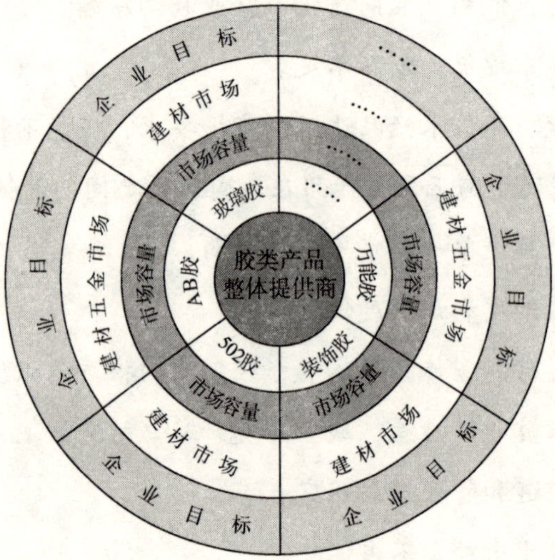

图 3－5　禹王化工的战略定位

深入各个领域研究之后发现，几乎每个领域都有一两个强势品牌，按照市场的“二元法则”，这些市场机会都不大。强行进入，难度非常大，而且会付出巨大的代价。

既然方向必须做出调整，那么路在何方？

销售人员在市场上最有效的销售说辞也许就是我们的切入点，于是开始与各个业务员沟通，了解他们在市场上最有效的销售说辞，最终总结了两个方向。

（1）禹王 20 多年专业做 502。

（2）我们禹王可以针对你（或客户）的特殊材料专门配制。

一个是从历史角度诉求，赢得客户的信任；另一个是从专业的角度、定制的角度进行诉求，得到客户的认可。

结合对整个行业的研究，发现这个行业 80% 的用户是工厂，也就是说，主要都是工厂用胶。在调研中发现，很多行业用胶量非常大，比如汽车行业，需要各种专门定制的胶，每一种不同用途的胶都有特殊要求。

对于一个老牌502胶的品牌，要想切入到其他品类绝非易事，通过什么方式进入，是项目组苦苦思考的一个问题。

无数的创意会和大量的行业分析之后，思路逐渐清晰，“行业用胶”这个概念逐渐成形，可以通过专业的角度，建立与客户的信任，将其他品类的胶水切入进去。

2. “行业用胶”与其他品类胶形成了有效的区隔

那么，如何让这“行业用胶”更有销售力呢？

我们给他加上了一个词语叫“金牌定制”，既体现了禹王的专业性，又构建了一个高度，“金牌”是人们熟悉的，也是无法超越的。

于是，“禹王是行业用胶金牌定制商”这个战略定位就出炉了。

其实，战略就是描绘一个未来的图景，划一个属于自己的地盘，然后我们一点一点地去实现它。行业用胶就是禹王划出来的地盘，用一个个的策略将这个地盘真正地据为己有。

要实现这个战略，首先要解决的就是建立消费者的认知，怎么建立呢？

3. 建立一个人人熟悉的通用符号

由于“金牌定制”这个描述语，符号也就顺理成章地出来了。用“金牌”这个人人都熟悉的图形作为符号，就是我们要的。

讨论的时候，也有人提出质疑，说这个符号太俗了，这个好像20世纪80年代用的东西。殊不知，俗就是我们想要的东西，脱俗就是脱离市场，不要高估消费者的品位，用他们熟知的东西才能快速拉近与客户的距离。

很快设计人员就将这个符号设计好了，如图3－6所示。

图3－6　禹王的符号设计

整个符号在包装与终端的应用也非常突出，完全符合奇兵对包装与符号的要求。

紧接着其他内容都一气呵成，设计了数字故事，设计了营销模式与终端推广模式。

4. 用数字体现禹王的实力与厚重感

——28年专注行业用胶

在过去的28年里，我们只做一件事，那就是如何把行业用胶做得更好。

——600次调配试验

每一类胶水投放市场之前，都要经过600余次的反复调配，直到成功为止。

——400000家工厂的选择

在将近30年的发展历程中，禹王赢得了40万家工厂的选择和信赖。

这些构建起了品牌识别体系。

同时，我们帮助禹王构建了“经销商零风险、伙伴式”的营销模式，将营销人员的职能进行转变，由原来的单纯管理和沟通经销商，变成服务型、终端动销型的营销方式。

我们将营销人员转变成“店面的促销员”、“技术的指导员”、“客户的销售员”，如图3-7所示：

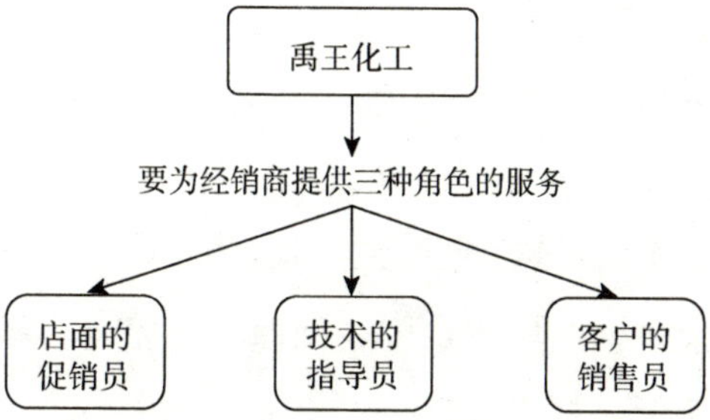

图3-7　禹王销售员的职能

店面的促销员，要经常到经销商的店面进行现场促销，向前来采购的客户推销禹王产品，实现店面销售以及持续销售的目的。

技术的指导员，要为经销商和客户提供技术指导，很多经销商或客户对技术上的一些事情搞不明白，业务员就要针对这些技术问题提供必要的辅导，这也是建立信任的有效方式。

客户的销售员，要销售人员除了维护客户、管理经销商外，还要针对当地的一些大客户进行重点攻关，帮助经销商开发大客户。

在终端推广上，奇兵依据现实的情况，建立了两个行之有效的模式。

一是利用经销商电话彩铃。在调研时发现，经销商有很多固定的客户，他们多是通过电话的方式采购产品，然后经销商送货。这是最有效的广告方式，禹王帮助经销商出费用上彩铃，同时也帮助经销商建立了一个有效的“媒体”平台。

二是按照快消品的方式，实现终端生动化建设，让整个店面除了产品，就是禹王的生动化物料。

整体战略与模式建立之后，还要一步一步来实现这个战略，逐步占领“行业用胶金牌定制商”这个战略定位。于是，我们制定了“5年三层”来实现这个战略。因为当前禹王的主要的技术与生产还都集中在502上，转变也需要一个过程。如前图3－4所示。

实现整个战略首先要搭建平台。加强技术，服务平台，全面提升502，初步进入行业用胶市场。

一是搭建组织平台。即加强技术、营销组织平台的建设。奇兵为禹王制定的是建立未来企业用胶金牌定制商的战略。其核心工作就是技术服务的实现。技术平台是重心。

从502的技术改进入手，率先建立一个完善的技术组织。建议增加6～10人的技术人员，主攻502胶的改进，突破技术壁垒，使产品真正能在终端市场硬起来，使经销商乐意推荐给消费者，消费者用起来放心，直接提高禹王502在消费者心中的地位。获得品牌认知感。

二是增加营销队伍。营销需要一个弱势市场的特战队！从目前禹王营销队伍现状，以及实现战略目标的要求出发，需要增加营销队伍，并强化训练。

奇兵要为禹王改进销售队伍，奇兵建议新招15个营销人员，对现有的区域运作、弱势市场做补充。对这些新招人员进行一个月的强化培训。禹王负责企业文化、产品、技术方面的培训。奇兵负责销售技巧和整体训练。一个月后逐层淘汰，奇兵认为营销队伍即便手中拿的是木棍，也要削尖了再上战场。因此，他们必须经过严格的训练，要经过千锤百炼、千挑万选。如图3－8所示。

技术知识强化培训，理论考试与表达评分

↓

产品销售话术训练与考核

↓

销售技巧沙盘演练

↓

综合考核

图 3－8 对营销队伍的培训

三是建立技术与营销服务体系。在盘活原有产品 502 胶后，禹王必须从单一产品中脱离出来，结合技术和营销，双管齐下，建立技术市场化机制，为大客户定制 502 产品，针对相关的行业开发针对性的产品。建立技术人员 24 小时现场反应机制，为客户提供针对性解决方案，建立技术与营销的沟通机制，定期书面、面对面地沟通，加强技术市场化、营销技术化服务模式。

在整体规划完成后，奇兵与禹王共同努力，逐步实现这个战略路径。通过对重点市场操作和逐步实施，一年的时间，禹王化工销售额从原来的 5000 万元增长到 1.26 亿元，实现了销量的翻倍增长。在整个方案实施中也让我们更深刻地体会到战略的本质。

我们始终认为，企业找到自己的战略、实施战略并不是最困难的，困难的是抓住本质并坚定不移地执行。禹王只要坚持战略不动摇，一定能够取得更大的成功。

第四章

Chapter 4

做好品牌整体规划

第四章
做好品牌整体规划

很多企业说没钱做品牌，笔者认为不是没钱做品牌，是没有创造出让品牌节省万金乃至亿金的条件，也没有搞清楚品牌的本质。

一、品牌是什么

品牌就是产品的牌子

品牌的定义有很多种，笔者比较认同的是：品牌就是产品的牌子。也就是说，品牌基于产品存在，离开产品，品牌就没有了载体。

巨人营销有句话叫“将军定胜负，员工走三步”。决策错了，这仗还没打就已经输了。据史玉柱讲，黄金酒的项目他没有参与，而且他反对做这个产品，最终决策层还是做了，结果决策错误，致使这个产品最后以失败告终。

黄金酒的包装、符号、终端形象等可以说都非常成功，但是送礼这个方向错误，产品选错了，输在了决策环节。

很多人说，这是典型的产品主义。那么，现实中哪个品牌的成功不是产品的成功呢？露露品牌消费者只知道是杏仁露，六个核桃消费者只知道是核桃露，王老吉消费者也只知道它是预防上火的凉茶，还有别的吗？

没有了。产品就是品牌！

品牌规划很重要

几乎所有专家都在大讲特讲品牌的价值，也没有一个企业老板不清楚品牌的价值，就是在这样的背景下，真正实施品牌战略的企业却少之又少。

原因何在？

其实，问题的关键是，很多企业在建设品牌的过程中无法感受到品牌价值为企业带来的销量或利润等方面的好处，更多的是品牌对企业的要求和短期销量的束缚。因此一开始企业都进行品牌运作，销售压力大了就马上弃之不顾。

事实上，大多数企业在建设过程中，品牌价值的体现是微乎其微的，所以难以有效地辅助或提升营销绩效。

可是品牌到底什么时候才能为企业带来实际的价值呢？这个问题我想没有人能够准确地回答。但是从这十多年的实践与研究中发现，至少在企业成长期中，品牌为企业带来的价值确实是有限的。

在企业的实际运作中，出现了许多非常规的品牌发展路径，但品牌价值在这些企业中得到了最终的体现，也值得我们深思。

蒙牛跑出了火箭的速度，进入第一梯队后再也没有企业能够撼动，即便它在这过程中犯了许多错误；在门窗幕墙领域的江河同样如此，它用5年时间完成了行业老大近20年才能做到的事，快速进入行业一线品牌，让同行企业望尘莫及，在这个过程中许多操作也都是品牌管理的大忌。

由此可见，品牌价值是企业经营、营销的结果，而营销和企业经营活动（包括企业内部管理、文化建设、研发等）是过程。

既然营销运作和企业经营活动是过程，那么就有必要让这个过程直线化，缩短到达结果的距离，所用的方法就是做好品牌的整体规划。

科学的品牌规划，就是优化过程的有效途径，帮助企业找到快速创造品牌价值、积累品牌资产的捷径。

同是顺德的格兰仕与美的，因为品牌战略的差异，格兰仕以低成本优势及微波炉的品牌影响力进入了空调、冰箱、洗衣机领域，成绩不明显；美的以其科学的品牌战略，成功进入洗衣机、冰箱市场，2009 年销售额近千亿元，成为继海尔之后的第二品牌。

品牌不能独立存在，需要一系列营销和经营活动来实现。

品牌资产积累要简单化

通常而言，品牌资产被理解为知名度、美誉度、忠诚度、品牌认知度、品牌联想等几个要素，品牌积累都围绕这几个要素展开。

在实践中发现，是我们自己把品牌资产过度复杂化了，其实企业只要有知名度，只要在品牌的几个特征上积累就可以了。因为美誉度对企业来说可能就是伪概念，品牌忠诚度根本不存在，消费者忠诚的是产品，不会对品牌形成绝对的忠诚，如果哪天产品不行了，品牌忠诚度就会马上消失。

而品牌联想就是积累的品牌特征。比如，提到品牌名就能马上联想到一句话、一个图形等。

对于品牌资产的积累，受益于史玉柱先生的一些观点。他说，做广告就是要选择一个广告语，持续地投资，不要轻易地换广告语。

在这个基础上，笔者感觉到品牌资产的积累也是相同的道理，其实我们就是为一句话做积累，或者为一个有品牌特征的图形做积累，同时我们也是在积累品牌知名度。

实际上，品牌资产就是我们投资积累的东西，从这个角度说，我们需要积累的就是品牌特征和品牌知名度。

品牌特征就是最能代表这个品牌的一句广告语或一个图形。让企业所有的投资都能围绕这句广告语或图形来积累品牌资产，不要轻易改变或彻底换掉。

有品牌特征的投入，就是投资，就像储钱罐一样，当积累到一个临界点之后就会释放品牌对销售的驱动力，否则，企业的投入就仅仅是成本，不会产生效益。

国内很多企业还没有建立品牌资产的储钱罐，产品包装的风格经常变，广告语也是一年一个样，前边大把的广告投入都浪费了，因为消费者除了你的品牌名称之外，无法将其他元素融合到一起。再者，消费者也没有时间和精力去“整理”那些零散的品牌信息。

在这个信息碎片化的时代，企业要用品牌特征形成一个品牌网，将零散的品牌信息串起来。关注白酒的人会发现，很多名酒一直坚持那个瓶型和那个包装的风格。比如，茅台酒始终是那个白瓷瓶，那种包装风格，多年不变，这就是品牌特征，这就是品牌资产的累积。

二、你的品牌是什么

你的产品是什么不重要，重要的是消费者认为你是什么。

这是一个认知大于事实的时代。

味全每日 C 在广州市场，要求终端陈列必须放进冰柜，不允许在普通货架陈列，因为放在冰柜里给消费者的感觉是新鲜，所以他们卖的价格几乎是汇源同规格产品的一倍。

这就是认知的力量。

做品牌本质上就是做消费者对品牌的认知，这已经得到了广泛的认可。

认知的主战场是消费者的心智，基于这个前提，就要从消费者的大脑出发，从左右脑的角度建立品牌认知。

笔者通过多年的研究与实践，建立了“左脑词语改变行为，右脑符号改变偏好”的品牌认知模型。

笔者把它称之为“超级认知”。

所谓“超级认知”，就是将消费者最熟知的东西嫁接到品牌上，让购买者一下就记住，一下就产生共鸣，一下就有要购买的冲动。

超级认知 = 品牌名称 + 左脑定位 + 右脑符号。

通俗一点讲就是，告诉消费者**“你叫什么名，你长什么样，你提供什么价值”**。如图 4 – 1 所示。

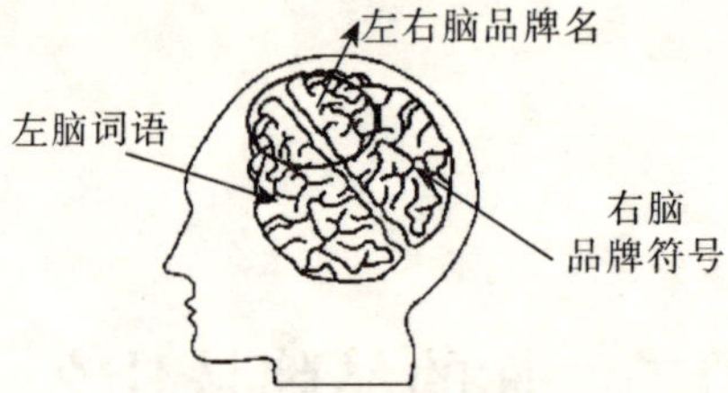

图 4－1　品牌的"超级认知"

品牌名称要便于记忆

品牌名包括两个层面的内容。一是品牌名称本身，二是品牌标识。

（1）品牌名的本质是降低传播成本，所以，一个品牌的名称在很大程度上决定了品牌的成败。品牌名必须是兼顾左右脑的功能，既要有词语的表达，又要有画面感。让人看到、读到你的品牌名，就会有画面联想。

通俗一点讲，品牌名要用视觉语言或口语的名字。哎呀呀、娃哈哈这样的名字都是非常好的名字，传播成本非常低。

所以，每一个名称都是成本，也就是说，从品牌名确定的那一刻，也注定了品牌传播的成本，比如苹果、360 这都是成本低的名称，也注定了他们要被人们记住。如图 4－2 所示。

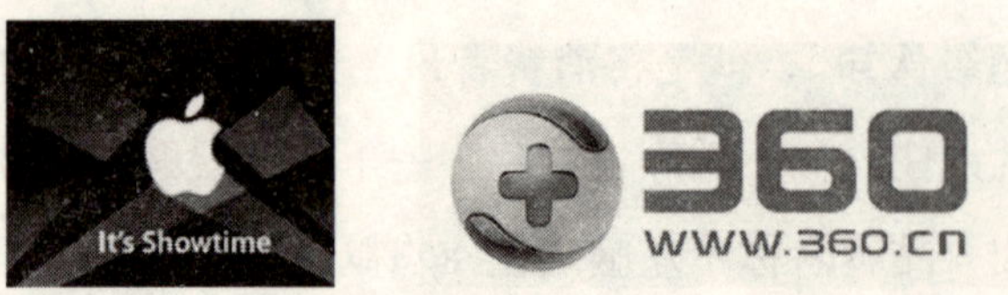

图 4－2　苹果和奇虎 360 的品牌

对于品牌名要符合三点要求：

第一，品牌名必须要具体形象，有画面感，这样才好记；第二，要符合该产品的使用习惯；第三，要与产品或品类相关。

合格的品牌名，只要符合好记的原则即可，如果能够与品类相关则更佳。

比如，塞飞亚的品牌名是“草原鸭”，就是一个有画面感、有行业特性的品牌名。经常有人跟笔者说，你们奇兵这个名字比较好记，你说是两个字的名字好，还是三个字的名字好呢？

我说你看“陆地巡洋舰”这五个字的名字也很好记，因为它是视觉化的名字，具有极强的画面感。

同时，需要强调名称的张力，某种程度上也决定着品牌的销售力。比如老村长和龙江家园都是东北酒，他们做的都是低端酒，渠道模式也非常相似，都是按照快销品的深度分销模式来做市场，可在销量上却有较大的差别。笔者得到的数据是，2012 年老村长的销售额是 40 亿元，龙江家园是 10 亿元。

这就是名字张力的作用，老村长进入任何领域都感觉很亲切；龙江家园虽然名字也有画面感，但是与老村长还有差距，而且有点区域品牌的烙印。因此，销售额的差距也形成了。

（2）品牌标识的本质是降低成本、解释名称。标识是为了解释名称而存在，要做到一目了然，让人看了没有任何异议，才能降低传播成本，否则，当有人问这个图形（标识）是什么意思的时候，这个标识的传播成本就高了。

好的标识至少要达到以下其中一个要求：

第一，设计的标识要有自明性，让人一目了然，符合消费者的阅读习惯，放大品牌名称的传播效果；第二，设计的标识要体现行业类别，让人一看就明白产品所属的行业类别。

在这两个要求中，自明性是标识设计的原则性要求。

词语改变行为

1. 左脑词语改变行为

左脑属于语言脑，长于逻辑思维，主要用语言处理大脑接收到的各种信息。语言的基本单位是词语，所以左脑靠词语来实施记忆索引。

词语是具有权能的，有魔力的，甚至就像咒语，指引和改变人的行为。一个词语可以创造一个品类，可以改变消费者的行为，可以创造流行，是人们行为的召唤令。其实，无论是一个国家的治理，还是营销工作，大部分都要依靠词语来传播。

（1）**召唤是词语最大的权能**。召唤就是把事物、场景、心理状态召唤到你面前，引起大家强烈的共鸣。“怕上火”这个词语就把已经上火的人和担心自己上火的人召唤起来，形成了共鸣，让这个词语释放强大的能量。

具有号召力的词语，往往是比较常用的词语，最通俗的词语。这种词语人人都知道，人人都不设防，直接指引和改变人们的行为。

网上还有这样一段视频：一个盲人在街上放着一个牌子，写着“我是盲人帮帮我!”施舍的人寥寥无几，一个人看后将这个词语改为“多么美好的一天，但我看不见”。路人看到这些词语之后，激发了其同情心，纷纷伸出了援助之手。

这就是词语的魔力，它可以轻易地改变人的行为。

（2）**词语就是定位**。定位实际上就是找到一个或者组合几个人人看得懂的词语，人人看得懂的词语就是传播成本最低的词语。

每一个词语都是有成本的，品牌的定位要找到成本最低的词语，人们越熟悉的词语成本就越低。

有时候，人们说你这个词语太俗了，殊不知，脱俗就是脱离市场，越俗的词语成本越低，越俗人们的心理抵触就越小。

作为定位的词语，不仅用来传播，更是要让整个企业围绕着这个词语来做。

也就是说，要围绕这个词语聚焦传播资源、技术资源、产品资源、服务资源等。公牛插座既然诉求“安全插座”的品牌认知，就必须围绕“安全”来做市场布局；诗蒂糖果定位为“中国人的喜糖”，那么就必须围绕“喜糖”开发产品和渠道。

（3）词语是可以创造流行的！让词语成为一种流行的看法，成为一种时尚。赵本山的小品就比较善于利用词语创造流行，“缘分啊”、“谢谢啊”、“你太有才了”等，都成为一段时间的流行语。

创造流行的词语，可以发动大规模的购买！

2. 定位就是分类

其实，定位的本质就是用一个有魔力的词语进行分类，通过词语开创新品类，赢得话语权。

对于企业而言，需要不断创建新品类，只有占领一个有力的制高点，品牌才能够形成势能，对产品提供支援。

航空公司可以说是同质化最严重的产品了，可是美国猫头鹰航空公司的定位与其他航空公司完全区分开了。它说自己是“最性感的航空公司”，将空姐着装更性感，既降低了成本，又与其他航空公司形成巨大的区隔，创造了新品类。

“性感”就是一个分类词语。

那么，如何找到一个既适合企业，又能得到购买者拥护的具有魔力的词语呢?

笔者总结了三个字：占、抢、创。

（1）**率先占领一个可以流传的词**。在某一品类里，某个词语已经得到了广泛的认可，却没有企业使用这个词语，这时候就可以率先占有它，率先发声。

笔者为圣春散热器服务，在调研中发现，它无论在技术、品牌影响力、销售额、企业整体实力等各个方面都是行业绝对的老大，可是企业比较低调，没有找相关的词语去传播，于是，笔者为圣春提炼“领航者”这个词，作为品牌定位去推广，占领这个定位。

当然，这种方式的前提是同行都没有发声，你抢先占领这个词语。也可以将别人放弃的词语或概念再拿起来，并牢牢地占有这个词语。

率先占领词语多数都是在未成熟的行业里，在集体沉默的竞争群体中才能实现。所以，当企业处在这样的领域时，一定要积极地抢占一些资源。

比如，抢占传统地域品类资源，抢占历史资源，抢占工艺资源，抢占产地资源等。蒙牛的“大草原”概念、依云的“源自阿尔卑斯山融化的雪水”、“东北大米”等都是对地域资源的占领。

（2）**从竞争者那里抢词语**。当面对一个能够影响购买决策，能够创造流行的词语被竞争者率先占领时，依据竞争者的实力情况，可以从那里抢过来，使之成为自己的词语。

一种方式是对手实力不如你，利用自己在市场上的影响力，争夺这个词语，让竞争者成为跟随者，并逼迫竞争者改变词语。有些企业不屑于这样做，事实上这是成本最低的方式，让实力不如你的企业去开发产品，然后你利用你的实力、网络快速进入，然后超越它，这是最高超的策略。

九阳豆浆机与美的豆浆机就是一个非常现实的例子。豆浆机是九阳创造的，并在市场上培育多年，当豆浆机得到广泛认可的时候，"豆浆机，选美的！"美的就快速跟进，并在短时间内成为这个品类的第一。

在词语的争夺战中也是同理，如果你的实力比已经占有它的企业强，只要看准这个词语，就毫不犹豫、毫不客气地"抢它没商量"。

另一种是利用对手的失误，"来自大草原"这个概念就是蒙牛重新捡起的伊利的词语，在20世纪90年代末，伊利就传播大草原的概念，后来在调查中发现，很多人联想到内蒙古都是沙尘暴之类的概念，就改成了"城市的牧场"。结果，蒙牛抓住了对手的这个错误，捡起了这个"来自大草原"的概念，并重金打造，将这个词语据为己有，获得了消费者的广泛认可。

再有一种方式是站在这个词语的对立面。当竞争者非常强大的时候，站在它的对立面也是获得发展的一种方式。最经典的案例当属百事可乐，当它快生存不下去的时候，它站到老大可口可乐"正宗可乐、经典可乐"的对立面，占领了"新一代的选择"这个词语，起死回生，成为可口可乐的劲敌。

（3）**创造新词语，占领新品类**。"第一"胜过"最好"。在左脑的决策方式中，是靠记忆检索来决策，让消费者在想到某一个品类时，第一个检索到你的品牌名字，被购买的概率大大增加。

创造新品类可以有很多种方式。一种是发现新品类资源，快速去占领它。目前国内有许多领域都是有品类无品牌，比如各地名茶、各地的特色熟食（烧鹅、卤鸭、熏肉、豆腐皮豆腐丝）、各种粮食、无数的水果等。

另一种是创造新词语。水井坊就是这种方式的代表，当各地酒厂在一窝蜂地比谁的窖藏时间长，却没有人占据最贵的酒的概念。水井坊创造了“最贵的白酒”这个词语，成了高端酒消费的新秀。

很多时候“某个领域最贵”这个词语，在中国这个奢侈品消费大国，也非常有效。碰到过几个做水的企业，他们都跟我说，刘老师，我们的水比依云水还要好。于是，我问他们，你的水卖多少钱呢？他说，瓶装的 6 元钱。我说，为什么你的水比依云还好，可是价格却没有依云卖得高呢？如果你做全球最贵的水，也可能卖得比现在好。

符号改变偏好

右脑属于图像脑，它将信息以图像的形式加以处理和记忆。可以将右脑的五感与左脑的五感形成“共振”，实现图像的巨大效力。

右脑五感又被称为“本能五感”，需要激发起潜能才能发挥作用。

什么叫品牌符号？

品牌符号就是把人们熟知的图像、颜色、形状、气味、声音等嫁接到人们所不熟悉的品牌上，从而建立品牌与消费者的熟悉感和亲近感。

笔者将这本能五感变成品牌符号，通过两个方面激发起潜能。先是用自明性的五感符号，再通过语言符号相互转化，实现右脑五感的强大传播力。

符号可以改变偏好，也具有其权能。当我们看到斑马线就知道这个地方可以通过，看到红绿灯时就知道该前进还是停下来等一等。

这就是符号对行为的作用。

将五感转化成品牌符号，必须具备三个条件：一是要具有自明性，一看就明白；二是要能够用语言来描述；三是容易识别，人人都能懂。

笔者强调品牌符号要有自明性，也就是消费者一看就知道是什么，一看就知道是哪类的产品。这样的品牌符号，可以通过心理暗示的作用快速拉近与购买者的距离，由于是原本就熟悉的图形、声音等，能够轻而易举地改变消费者的品牌偏好。如图 4－3 所示。

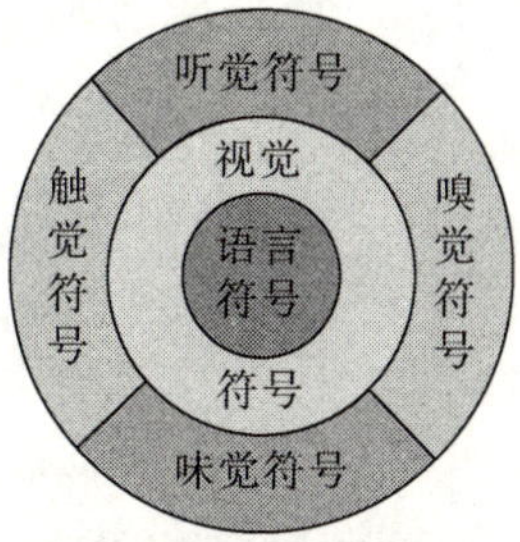

图 4－3　奇兵五感品牌符号

五感品牌符号，核心层是语言符号。只有能通过语言翻译或转化的视觉、听觉、触觉、嗅觉、味觉才能够称之为符号。

你看到东西不能用语言表达，听到的声音不能用语言翻译，接触到的感觉不能用语言描述，闻到的气味不知道怎么说，吃的东西不知怎么形容，这只是身体的感觉，不是符号。只有能够传播的图形、声音、味道才能称为符号。

1. 视觉符号实现品牌印象

人每天 83% 的信息来源于视觉。

所以，品牌符号目前还以视觉识别为主，我们通常记住的是某个品牌的标识、颜色、特殊的形状等，这些都来源于品牌的视觉符号。

品牌视觉符号是五感符号中的领头羊，统领各种品牌符号。

视觉符号是企业应用最多的符号传播方式。因为听觉、味觉、嗅觉、触觉的五感符号都配合视觉符号来使用，毕竟很多产品特性的作用无法应用。

因此，笔者主要总结视觉符号的一些要点。

（1）**从颜色角度来设计品牌符号**。洋河蓝色经典就是典型的例子，它用蓝色作为符号，一是在一片红的酒包装中可以跳出来，同时也占据蓝色这个符号认知。

（2）**与品类相关的常见物**。比如笔者服务神农蜂语时，设计的“黄金蜂巢”的品牌符号。

（3）**与定位关联的符号**。禹王化工的“金牌”符号，来源于“行业用胶金牌定制商”的定位。

（4）**终端需要**。为了实现终端视觉优势，比如厨邦酱油的“绿格子”就是为了在终端跳出来。

（5）**动物**。哈尔博绿熊啤酒，用了一个熊的符号。给人以清晰的品牌特征。如图 4 – 4 所示。

图 4 – 4　哈尔博绿熊啤酒

（6）**形状**。喜力啤酒的红色五角星，也是一个非常容易识别和记忆的品牌符号。如图 4 – 5 所示。

（7）**产品的外观**。苹果手机和电脑使用的就是产品外观作为符号来识别，还有汽车的前脸也被作为品牌符号来应用。比如，大众汽车，前脸几乎都一样。

（8）**数字符号**。泸州老窖的 1573 的名字本身就是一种数字符号识别。

图 4-5　喜力啤酒

2. 听觉符号调动情绪与情感

听觉符号，最著名的当属英特尔的“当！挡当挡当（音）！”

红酒用软木塞，开瓶时就会出现“嘭”的一声，这时那种仪式感顿时升起，而没有这一声，换成“呲”的一声开汽水的声音，仪式感就没了，甚至认为酒的品质不好。

听觉符号无处不在。有调查显示，近 1/3 的人能够通过汽车的关门声判断是哪个品牌。

听觉与视觉是可以通过语言相互转化的，别人描述一个视觉形象的时候，也属于听觉的范畴。所以要求所有视觉或其他信息都要能够用语言来描述，让人们容易传播进而转化成听觉符号。

3. 嗅觉符号建立品牌的独特性

嗅觉符号主要应用在产品本身和商业环境里。

你到香格里拉，每个店都是一个味道。改变了这个味道，消费者就可能不认可，就像医院那个消毒水味，如果改变，你会以为走错地方。

在冬天里，一个消费者闻着椰子味就自然而然地走到了泳衣的柜台前，这就是嗅觉的力量。

4. 味觉符号在产品上起舞

味觉符号最主要的是管好消费者的舌头。研究表明，舌尖对甜最敏感，舌头两侧最善于辨别酸味，舌根是苦味区，舌头的任何区域都能够感受咸味。

康师傅的红烧牛肉面“就是这个味儿”，让你认为只有这个味才是正宗的。王老吉也是一样，广药和加多宝都在争夺“正宗凉茶”。而实际上，原来王老吉的那个口感才是正宗的，即便广药打正宗牌也无效，消费者已经习惯了加多宝的“正宗凉茶”的那个味儿。

所以，品牌要创造自己专属的味道。星巴克的“奶香气”成了它一个重要的品牌符号。

5. 触觉符号触动心理认知

触觉可以引导消费者体现品质。有研究表明，49%的人会因为坐在驾驶室、手握方向盘的感觉而决定购车。

手机的手感也是决策的主要因素，一个小小的遥控器，其手感可以让使用者对整体产品的品质形成判断。

综上所述，我们可以利用视觉符号，以色悦人；利用听觉符号，以声动人；利用味觉与嗅觉符号，以味诱人；利用触觉符号，以质感人。

品牌符号要以视觉为主导，依据自己的行业、产品特性，组合其他的听觉、味觉、嗅觉、触觉符号。

词语与符号并用打造超级品牌认知

前边阐述了词语在左脑决策的价值，品牌符号在右脑决策中的作用。对于一个品牌而言，如果将词语与品牌符号结合起来，充分发挥左右脑的记忆习惯，对品牌的快速创建能够起到事半功倍的效果。

营销中要充分利用左右脑的决策方式来设计营销策略。利用左脑的决策习惯，要靠词语去建立一个新类别，让消费者在有某种需求的时候，第一个想到你的品牌，这样就增加了被选择的概率。

万宝路使用的词语是“豪迈”，它使用的是“牛仔”、“大峡谷”这样的图像，这两种方式结合起来，无论你习惯于左脑决策，还是习惯于图像脑的决策，都可以选中万宝路。

王老吉这个品牌的成功也绝非偶然，它的操作方式也符合词语与符号、场景的结合。它在场景上用吃火锅的场面，因为吃火锅的时候很多人最担心的是上火，所以这个领域也是王老吉销量最大的终端。

这种结合，成就了王老吉。

因此，在利用右脑决策方面，除了品牌符号之外，还要增加场景的提示，消费者心理状态的应用。

你的品牌也需要这样一个词语，也需要这样一个品牌符号。而且他们就在你身边，只是你还没有发现而已。

【经典案例】中国草原鸭，源自塞飞亚
——老企业重建品牌之路

内蒙古塞飞亚食品有限责任公司专注于鸭肉行业20年，是一个以鸭肉繁育、养殖、加工为主体，以“种、养、加、能、肥”循环经济为特色的大型现代民营企业。

塞飞亚草原鸭生长于内蒙古天然、绿色、无污染的大环境，养殖基

地、种鸭繁育孵化基地全部建在山坡与林地之中，形成了林中建厂、场中有林的独特养殖方式。其饲料的原料来自公司与当地百姓签订的绿色农业订单，保证了鸭饲料无污染、无药物残留。这样的环境，这么天然的肉质，这么标准化生产的产品，为什么销路却这么差呢？这么天然的食物不就是现代人所追求的吗？

塞飞亚专业做鸭肉 20 多年，但由于近几年激烈的市场竞争环境，使得企业生存举步维艰。我们将利用塞飞亚优越的地理条件改变消费者的认知，重新定位，整合渠道。

1. 深入市场，挖掘深层信息

利用半个多月的时间，我们在塞飞亚的帮助下完成了北京、上海、长沙、成都这几个大城市市场的调研，调研结果对于塞飞亚来说非常糟糕，状况不容乐观。

鸭肉在肉类市场占的比重相对于其他肉类较小，但人们对鸭肉的认知却在逐渐加深，鸭肉市场存在着很大的潜力。

通过我们对几个城市鸭肉市场的走访，发现一个共性的问题。这几个鸭肉市场的产品，尤其是熟食产品大部分是被当地品牌占据着，竞争十分激烈，而且消费者对外来品牌并不感兴趣，甚至对“草原鸭”表示怀疑。这说明塞飞亚的品牌知名度还太弱，在消费者中没有传播开来。这个结论让我们觉得有必要对塞飞亚整个产品市场进行深入的分析。

接下来我们就要对塞飞亚产品本身、市场状况、消费者对产品的反应做深一步调查。

塞飞亚的市场状况非常差，产品无序地堆放在超市的冷鲜柜里，非常混乱，产品的包装毫无特色无法突出，根本无法引起消费者的注意，更谈不上动销了。产品不促不销，促销价格也比其他产品价格要高，加之消费者对产品了解不足，就造成了塞飞亚产品滞销。这种市场状况就变得非常棘手，但我们还是寻求到了一丝希望，就是买过的人对塞飞亚产品的评价很高，塞飞亚的鸭肉肉质很好，相对于其他鸭肉产品腥膻油腻少了一些。

有了以上认知，我们对塞飞亚有了一些想法。

2. 创建新认知，提炼塞飞亚品牌灵魂

塞飞亚处在激烈的市场竞争环境中，如何在众多品牌中彰显自己的独特性，我们就要抢占制高点，创建消费者对品牌的认知。

我们认为营销的首要任务是在消费者心目中建立清晰的品牌认知，也就是说，品牌要和其他同类产品形成清晰的区隔。所以营销之间的较量本质上是消费者关于这个品牌认知的较量。形成了消费者对品牌的认知，消费者就会认为你是什么。

那么如何构建塞飞亚清晰的认知呢？这要从消费者的购买行为分析中来找答案。只有我们认真去倾听消费者的声音，才会理解消费者的诉求。

3. 定位高度化，切出高品牌

在塞飞亚的20年发展中始终没有体现其自身的品牌价值。也可以说塞飞亚自始至终就没有真正对自己的品牌进行定位，致使塞飞亚在消费者心中没有认知。我们觉得，塞飞亚恰恰已经有了最好的一个词语了，我们现在要做的就是拿出来放大它，让消费者知道它！

“草原鸭”是一座金矿，只是塞飞亚没有对“草原鸭”这个概念进行挖掘。我们要做的品牌定位就是把“草原鸭”这个概念扩大化，形成认知。如图4－6所示。

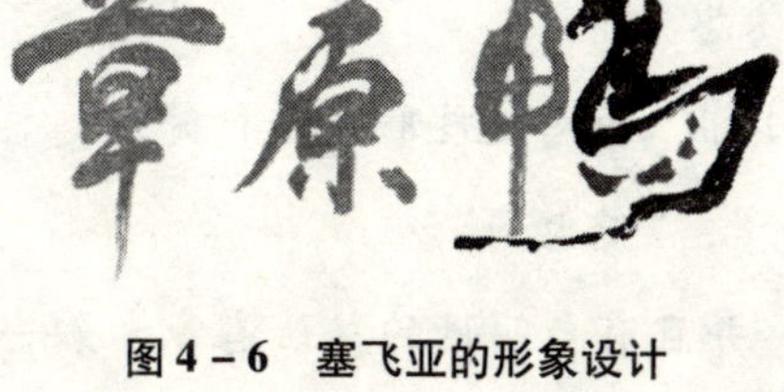

图4－6　塞飞亚的形象设计

我们在定位上迎合消费者追求绿色、健康、自然的产品的消费心理，并结合内蒙古草原这个得天独厚的地理优势在消费者心中自然健康的形象。我们要让草原鸭成为品类，让消费者知道只有塞飞亚才是真正的草原鸭，把“老大”的认知灌输到消费者的认知中。

“中国草原鸭，源自塞飞亚”这个品牌定位自然而然就呈现在眼前，有立场、具象而且有画面感，容易传播。草原鸭等于塞飞亚，塞飞亚就是草原鸭。让人们吃鸭子时自然会想到塞飞亚草原鸭，绿色无公害，使塞飞亚在消费者心中的形象一下子就提升了。

从行业定位到影响消费心智，将行业老大变成消费者心智中真正的“草原鸭”老大。

4. 符号亲民化，创造形象生动的符号

用符号连接人们的最小有效记忆“碎片”，可以得到最高的传播效率。深入到企业的产品包装和宣传上，让符号深入到消费者心中。

符号在营销上的销售力表现：可以轻易改变消费者的品牌偏好；可以形成终端视觉优势的有效方式；可以迅速拉近一个新品牌与消费者的熟悉感。

那么，我们为塞飞亚草原鸭制定的符号就需要：一与塞飞亚草原鸭的品类相关；二与塞飞亚草原鸭的产品相关。

其实，直接来讲就是与鸭子、鸭肉有关，那么我们就要往鸭子、鸭肉方面进行联想。我们调研小组邀约一些中年妇女进行项目座谈，开始首轮海选，征集到“厨房”、“厨师”、“鸭汤”、“鲜美”、“炖料”、“做法”等一系列有关联想。

我们公司项目小组人员对这些联想进行筛选，总结出几个关键性词语：“厨房”、“厨师”、“鸭大厨”。

符号是要具象，并且有自明性的，让消费者第一感觉就知道符号是要表现什么，跟哪方面有关，不会产生误解或者根本不理解。这样塞飞亚的符号也就很明显地采用了“草原鸭大厨”的形象，这个鸭大厨的形象既亲切又生动形象，自然而然地就表现了产品本身的品牌。如图4－7所示。

图4－7　塞飞亚的“草原鸭大厨”形象

5. 广告语通俗化，形成深刻的品牌认知

我们还要为塞飞亚提炼一句通俗易懂、具有销售力的广告语。消费者买鸭肉时最关注的是什么？我们调研发现，站在产品终端，消费者对鸭肉产品问得最多的就是：“你的鸭肉腥不腥呀?”、“上次买的鸭肉好多油，很腻，你们家的鸭肉怎么样?”绝大部分消费者对鸭肉的肉质好、口感好的评判标准就是不腥、不腻。

而“草原鸭”恰恰在这方面做得很好，我们根据鸭肉的特质和消费者对鸭肉的诉求、认知，提炼出“不腥、不腻”这个概念。这样，一句朗朗上口的“不腥不腻草原鸭，大厨推荐它”便应运而生。

超级认知就是要定位、符号、广告语一体化。这样“中国草原鸭，源自塞飞亚"，"草原鸭大厨"，"不腥不腻草原鸭，大厨推荐它"也就自然地一气呵成，简单、清晰明了地呈现在消费者眼前了。

"不腥、不腻"正好道出了消费者的心声，又切合了消费者对鸭肉的诉求，又让人们建立草原鸭就是不腥、不腻的认知，直接上升到了品牌特征的建立！

6. 包装快消化，实现终端动销

包装是企业的第一推销员，终端的第一达人。

包装设计首要的问题是要在终端跳出来，与同类产品形成差异。而塞飞亚产品包装颜色浅淡，烦琐而又累赘，这也是塞飞亚产品终端不动销的因素之一。

我们在终端观察各类产品，最后决定把包装简单化。用色的目的就是为了在众多同类产品中跳出来，形成差异，我们则使用简单明了的产品包装颜色，一种包装只用两种颜色。例如，红和白、绿和白、橙和白等，这样简洁大方的颜色搭配呈现在包装上，在终端非常突出，使消费者第一眼就留下了深刻的印象。

让消费者看到包装不用推销员推荐就有购买欲望，就要有购买理由，包装上自然少不了广告语。加之我们鲜明的符号"草原鸭大厨"形象，既有自明性，又体现行业属性，并且有利于品牌形象的传播。这一形象延续应用在塞飞亚其他的产品包装上，既能促进消费者的购买，又能增加消费者的品牌认知。这样鲜明而有对比的包装，自然受到了消费者的青睐。

7. 打造拳头产品——突破现有产品低价、低利润困境

在塞飞亚的市场调查中，我们发现塞飞亚这么大的企业虽然产品种类繁多，但没有拳头产品，终端商超产品单一。作为商超主力的鸭煲汤产品也只是走低价、低利润的营销道路，甚至形成了"不促不销"的尴尬局面。这样的产品结构和营销模式限制了公司的发展，丧失了一大部分消费群体。

通过对鸭肉品类市场的分析和企业发展目标的规划，我们为塞飞亚首先规划了两支产品：

第一支产品：拳头产品鸭煲汤系列；第二支产品：休闲小食品。

鸭煲汤作为拳头产品，利用现有的市场基础、消费者认知，提升形象，宣传鸭大厨形象！我们对现有鸭煲汤产品做了结构调整，分成尚品系列、经典系列、速食系列。如图4－8所示。

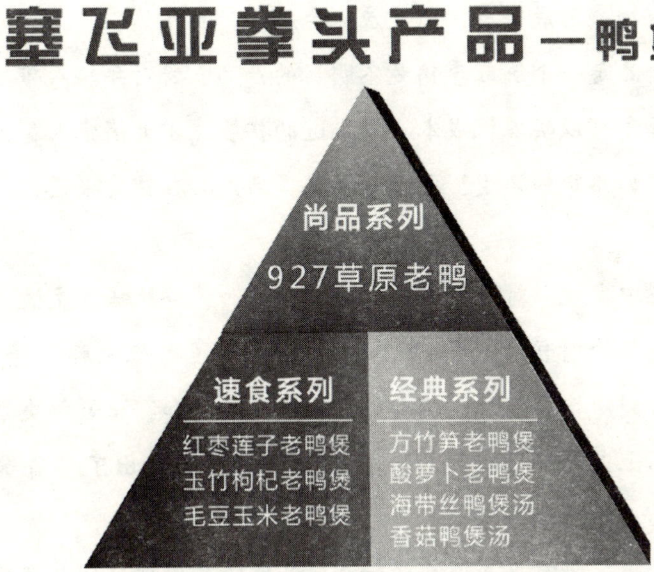

图4－8所示　塞飞亚的鸭煲汤系列

尚品系列：企业的明星产品，在原有的产品上进行升级。包括927草原老鸭、尚品老鸭煲。其产品使命：以高端煲汤产品进入市场，丰富塞飞亚的产品线；高端高价位冲击市场，成为塞飞亚主要利润产品；加深品牌的印象，弥补市场空白，提升品牌形象。

经典系列：企业的销量产品，对原产品包装升级。包括方竹笋老鸭煲、酸萝卜老鸭煲、香菇鸭煲汤、海带丝鸭煲汤。其产品使命：产品整体升级，提高品质，提升形象；作为塞飞亚最为稳定的产品，价格适中，抓牢现有中老年购买人群，吸引新消费者；常见口味（方竹笋、香菇、酸萝卜、海带丝），经典口味，是塞飞亚主要铺市场、出销量的产品。

速食系列：企业的利润产品，开发针对年轻人的方便鸭煲汤。包括红枣莲子老鸭煲、玉竹枸杞老鸭煲、毛豆玉米老鸭煲。其产品使命：定位清晰明确，拓展年轻人市场，开创快速煲汤产品系列；作为塞飞亚新品快速切入市场，形成市场热烈反应，为后续产品预热。

休闲小食品是一个淡旺季销量不明显的产品，针对年轻人市场。休闲小食品的开发可以实现低成本、宽渠道的拓展，扩大消费人群，形成全面认知，增加品牌知名度！也可以和鸭煲汤产品在销售渠道、销售季节上相配合！

我们了解中发现，对于休闲小食品口味方面，香辣味是主流，所以在规划这支产品的时候，我们以“香辣鸭爪”、“香辣鸭脖”等为主。而且我们了解到辣椒属温性，鸭肉属凉性，两者中和，正好解决了人们想吃辣的又怕上火的顾虑。所以，我们为这支产品做出了“香辣不上火”这样具有购买力的广告语。

这样我们通过对塞飞亚产品的细分，为塞飞亚实现了利益高度化！

8. 集中资源，占领上海市场

新产品开发后，就要有针对性地选择样板市场进行试点。通过产品在样板市场的上市，总结经验，及时解决出现的问题，打造成全国的榜样市场，以便其他市场学习和快速应用。

通过对塞飞亚几个区域市场的分析对比，对于第一支上市的拳头产品鸭煲汤系列，我们最后选择了上海市场。

之所以选择上海来作为样板市场，有几个原因：一是上海消费者对鸭肉的认可度比较高，比较容易接受新事物，这样有利于新产品开发市场。二是上海是国际大都市，上海产品的流行能够快速带动其他市场的流行。三是塞飞亚在上海的主要销售区域大多都在杨浦区，但这几乎已经占鸭煲汤产品总销量的一半了。可想而知，偌大个上海市场，潜力有多大。四是塞飞亚在上海的品牌认知度比较高，这样，样板市场就比较容易成功。只有成功才能鼓舞士气，产生动力。

我们为整个鸭煲汤新品规划了4个渠道：商超渠道、菜市场渠道、餐饮渠道和便利店渠道。商超能够打出塞飞亚的知名度，提升品牌的形象。菜市场是可以集中体现塞飞亚多种产品的地方，在人流量大且比较稳定的菜市场中建自己的专卖店，能够让更多的人知道塞飞亚，可以和商超渠道相互配合。把鸭煲汤作为一种汤类饭食，进入便利店，可以吸引很多的上班族。现在上海全家、快客都有早餐、午餐、晚餐销售。无论是居民区附近、写字楼附近、各单位附近，尤其是年轻人，越来越依赖于便利店的餐饮服务。餐饮渠道是能够产生大销量的渠道，我们首先选择了上海的一些连锁快餐店进入。这四个渠道的产品、角色各不一样，从各个方面相互配合，全面进攻上海市场！为了集中所有的资源打造上海市场，我们从塞飞亚的其他市场调来一批人。这样在上海就有了21人的销售团队！怎样应用好这21个人，最大限度地开发上海市场呢？

竞争！只有竞争才能让所有的业务员开足马力，做到最好！

我们把这21个人分为3组，每组里有1个负责人，把整个上海市场分为3块区域，一组负责一块区域。每个区域里又分商超渠道、菜市场渠道、餐饮渠道、便利店渠道，各渠道由各小组负责人进行分配。我们规划好每组负责人和每个组员的工作要求、工作任务、工作流程、操作标准。让每个人都知道自己的目标和任务。每个业务员只要按照规划好的作业动作来做，就能达到我们想要的整体效果。这样，每个人都了解自己的责任，各小组既有分工又有合作，有目标有竞争，整个上海市场就活了起来！

我们跟随到市场，随时了解市场状况，和业务员一起开发终端，解决随时出现的问题！通过我们对市场的不断调整，使得整个方案落实更加有效，这样在向其他市场推广的时候，就会避免很多损失。随着塞飞亚的产品在整个上海市场的不断渗透，不到一年，上海市场销售额就突破了1个亿！

第五章

Chapter 5

产品是成功的开始

一个产品就是一个购买理由，给什么样的理由就产生多大的销量。如何改变消费者的选择逻辑，开发一个不用广告就可以畅销的产品？如何让产品持续热销？这就是产品操作的本质。

一、给顾客一个购买理由

产品的本质就是提供一个让消费者购买该产品的理由。

产品的存在价值是它能够给顾客带来什么样的物质或精神利益，一个有形产品无论它是什么，在市场的销售过程中，其核心是给消费者一个购买该产品的合理理由。

要把产品卖出去，不是如何去卖，而是如何刺激顾客来买。每一个顾客在掏钱购买之前，都在想同一个问题：我为什么要买这个牌子？这个问题的答案就是企业产品的购买理由，只要找到的理由充分，对购买者产生足够的诱惑力，成功销售自然也就水到渠成了。

力士香皂70多年来一直使用的购买理由是“滋润、高贵”。而舒肤佳则告诉顾客们，使用舒肤佳能“除菌”。事后人们发现，力士的“滋润、高贵”不及舒肤佳的“除菌”更能打动顾客。力士的“滋润”固然好，但很多其他香皂也有此功能，况且几元钱一块的香皂，也未必能显示出其有多么“高贵”，但舒肤佳的“除菌”却不同了，因为除菌是事关全家人健康的大事，多么简单又有销售力的购买理由！

所以要深入到消费者心中去找理由，只有抓住了消费者心理，才能找到适合的购买理由！

顾客为什么买

同样的两个西瓜，一个有藤，一个没有，在消费者选择的时候，大多数人会选择带藤的西瓜，为什么呢？因为人们觉得带藤的西瓜是刚摘下来的，新鲜。

消费者买的是西瓜，在购买的时候却因为新鲜而决策，所以，我们说人们买东西往往购买的不是产品本身。

因此，购买理由≠产品卖点。

产品卖点是从产品本身出发，对比竞争对手，找到与众不同的地方。而现实购买中像买西瓜一样，往往购买的不是产品本身，而是一个理由。

这个理由可以是“新鲜”，也可能是挑瓜的能力。微博上看到这样一个故事，说小区门口卖西瓜的人推销西瓜，说西瓜的产地、品种都已经没有区别了，他卖什么呢？他卖挑瓜的能力，说他挑的西瓜都好吃，这就跳出了西瓜本身，卖产品以外的东西。

购买理由关注的不一定是产品，从消费者的角度出发，找出一个让消费者购买的理由或说法即可。

同样是两个人，一个容易被人信任，一个不容易被信任，建立这种信任也需要一个理由。比如，这个人长的面善，你就觉得他可信，那么，这个面善就是一个理由。

你在过马路，一个普通的人让你站住，你可能用怀疑的眼光看他，认为他是精神病。而另外一个穿警服的人让你站住，你自然会停下来，这警服就是你停下来的理由。

一对年轻夫妻逛商场，看中了一套高档餐具。妻子十分喜欢想购买，丈夫嫌贵不舍得掏钱。导购员悄悄对她丈夫说了一句话，立即决定买。大家猜猜导购员对男士说了些什么？

原来，导购员对女顾客的老公说："这么贵的餐具，你老婆肯定不舍得让你刷碗"。

从上面的案例中我们可以看出，产品的卖点并不是产品取胜的唯一法宝，给顾客一个购买理由才是产品的本质所在！

三步提炼购买理由

第一步：做加法，找特点。找出关于产品的所有卖点、特点，以及与该产品有关的消费者信息，需求信息。不管有没有用，只要属于该产品的范畴都可以，越多越好。

第二步：做减法，排除与竞争者共性的特点。从竞争的角度思考，将竞争对手没有的东西挑选出来，没什么明显特点的砍掉，至少要砍掉3/4。

第三步：继续做减法，找到与消费者需求吻合的特点。结合消费者的需求点，从剩下的这些购买理由中，找到与消费者的需求最吻合的关键点，剩一两条，转换成营销语言，形成购买理由。如图5－1所示。

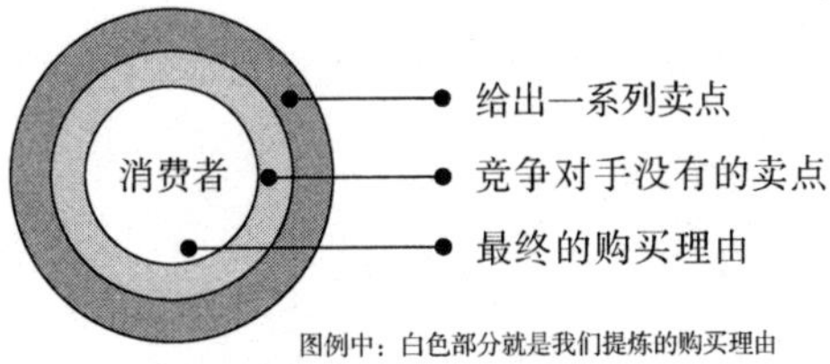

图5－1　三步提炼购买理由

二、产品的三种功能

消费者的需求分为显性需求和隐性需求，比如白酒的显性需求是社交，隐性需求是尊重。这也是国内高端白酒跟政界关系密切的原因，大家在一起吃饭，除了交往之外，还表达我对你的尊重。

基于这种需求模式，将产品划分成了三个层次。在成功的产品中，都可以找到他们的影子。如图 5 – 2 所示。

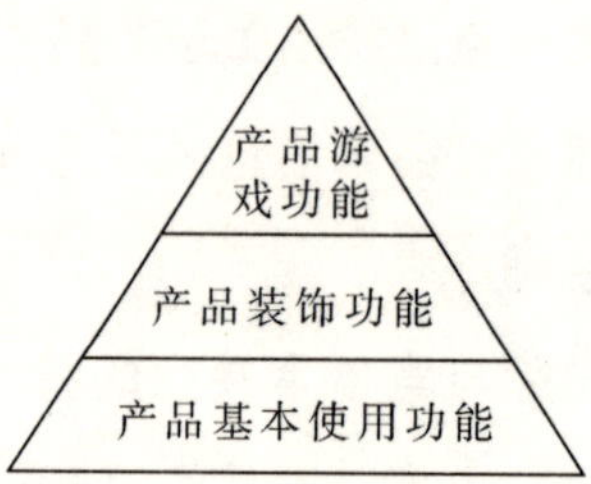

图 5 – 2　产品功能的三个层次

在图 5 – 21 中，我们不难发现最底层是产品最基本的使用功能，是产品存在的目的；最高层是游戏功能；中间层给消费者带来的是身份象征。

前者满足的是消费者物质需求，后两者更多的是给消费者带来精神上的满足。

比如，雪糕原来被认为是用来满足“解渴”这一基本需求，然而伊利“四个圈”在抓住孩子这一目标消费群体上，基于“好玩”，满足了人们追求快乐心理的需求，把产品当成一种无形的娱乐项目来营销，就是抓住了产品的游戏功能展开营销，让产品制胜终端。

三、产品开发要了解市场需求

开发新产品是营销工作中非常重要的一个环节。

笔者始终坚持帮助企业从营销角度开发产品，先创造产品概念、包装，再从技术角度进行开发。

这就是营销研发。在许多企业的操作中，技术部门与市场部门没有实现有效对接。闭门造车，按自己喜好开发产品，结果每年推出的新产品不少，能够畅销、长销的却不多。

笔者为湖北枫桥山茶油开发产品时，也是按照这种改变消费者行为的方式去创意产品。在终端蹲点的时候，发现消费者选购山茶油时，总是纠结于选择哪个牌子，因为在湖北、湖南、江西这一带，人们对山茶油的认知比较好，都知道这是好油。

和消费者沟通时，我们问他们平时都怎么吃山茶油，大多数消费者都反映会在煲汤、凉拌菜时使用，而选择炒菜时使用的消费者数量比较小。

于是我们帮助企业开发了“凉拌菜专用山茶油”、“煲汤专用的山茶油”、“炒菜专用山茶油”等，产品本身不用调整，只需在包装上调整即可。如图 5 – 3 所示。

图 5－3　标注用途的山茶油

产品上市后，跟我们预期的一样，凉拌菜和煲汤专用的山茶油卖得最快。这样消费者不用再纠结于品牌了，直接选择哪种用途的就可以了。

而这些用途，几乎每一个厂家的宣传册或宣传单页中都有介绍，只是没有人直接告诉消费者。

笔者总结的心得如下：

（1）产品开发就是设计消费者的选择逻辑。

（2）产品开发是从产品概念、产品命名、广告创意、包装设计、销售策略等营销研发入手，为研发部门提供原料、配料等方面的建议，然后才进入产品本身的开发。

（3）产品开发的核心是突破传统的消费思维束缚，推出另类创意。最关键的是你要清楚你所营销的产品本质，抓住产品的本质才能找到突破的方法。

（4）产品包装要有自然的销售力。

在产品测试方面，笔者没有采用大多数企业的“产品概念测试”，而是将产品包装和小批量的成品做好之后，针对购买者进行测试。

这里需要强调的是，消费者和购买者有很大区别。购买者是进入终端环境要掏钱的那部分人。而消费者呢，就是笔者戏称“站着说话不腰疼”的那个群体，所以在这两个群体中测试结果完全不同。

笔者始终坚持研究购买者，针对购买者测试。

另外，试销也要选择具有代表性的渠道和终端进行。在一口蜜产品上，笔者选择了一个城市、一个校园店面，通过这一个面、一个点的尝试，看看这个产品的自然销售情况。

在价格方面，就确定1元一袋，有零花钱的小学生都可以消费。而且这个“以蜜代糖”的概念也能够得到家长的支持，因为蜂蜜“甜”的同时却不坏牙，也不长胖，还有去火等功效，这些都是多数家长对蜂蜜的常识性了解。这个产品上市之后，许多同行都匆忙上阵，将原有包装改成袋装，在包装上粗糙地放上一些卡通人物后，也进入了这个领域。企业不应该反对竞争，只有同行的跟进，才会有这个品类的诞生。

四、将产品家族放到消费者的兜里

产品战略是品牌落地的核心，实施成功的产品战略，才能积累起品牌的价值。

如何设计产品家族

确定企业或品牌旗下由哪些产品组成，通过组合原来哪些产品、重新开发或翻新哪些产品，构建起一个产品家族。

产品家族的建立需要由企业的主要产品组成，与各个行业的沟通中发现，企业销售额越小，产品数量越多。当然，在企业起步阶段这也无可厚非，模仿各种产品，借着其他品牌在市场的推广势能，获得生存空间。

一般而言，1亿元以下销售额的企业，我们不建议企业聚焦产品，而是发展各类产品，摸索产品的潜力，为聚焦做准备。

产品家族是战略定位的支持，将能够支撑和演绎定位的产品汇聚在一起，形成在某一个领域的权威话语权，这是产品家族的本质。

比如，王老吉（现为加多宝）在“怕上火”的战略定位下，形成了红罐凉茶、绿盒凉茶、瓶装凉茶的产品家族，而昆仑山矿泉水就在这个产品家族之外；克咳在“专业镇咳”的体系下，形成了各种治疗咳嗽药的产品家族。

使用一个品牌还是多个品牌

产品家族确定之后一个重要的决策就是，这些产品是用一个品牌，还是用多个品牌。这主要取决于成本和消费群体。

用多品牌还是单一品牌的关键是成本决定的，也由企业规模实力决定。对刚起步的企业，必须要使用单一品牌，这由成本决定。对于成熟企业而言，想在行业里占有更大的份额，可以再推一个新品牌，比如海飞丝、飘柔、潘婷等多个品牌在洗发水领域，针对不同人群，占领了行业60%以上的市场份额；皇明太阳能成熟之后，又推出一个高端品牌“亿家能”。

当然，也要依据企业的实际情况与行业特点来决定，笔者服务的鸿成调味企业，针对醋类产品确定使用“龙塔”品牌，针对其他类（精、粉、汁、酱）产品则使用“寿山老妈”品牌。

产品的角色分配

企业的每一支产品都有着不同的使命和战略任务，所以要给每一个产品定义它们上市之后的任务：是带来现金流，还是为后续产品铺路；是树立品牌形象，还是阻击竞品。

笔者为企业服务时，首先会从企业提供的产品销售数字中，梳理出几个重点产品作为产品家族中的主力成员。

企业最容易出现的问题是：产品数量多得惊人，销售占比低得惊人，产品家族中没有领军人。很多企业喜欢广种薄收的产品开发模式，笔者并不反对这种模式，但就怕广种后，颗粒无收，这就是产品开发能力的问题了。

很多企业，尤其是中小企业老板都是产品开发高手，创意不断，每年大量新产品出来，下一年又是新产品，不但见不到前一年的产品，更见不到畅销品。

从本质上讲，无论是新产品开发，还是老产品翻新，都要在产品角色与任务这个规则下进行，而不是为了开发新产品而开发新产品。

要实现：有的产品是拳头产品，除了实现足够的销量之外，更是建立品牌认知的基础；有的产品是低价跑量的产品，可以平衡产能，为企业获得边际利润；有的产品构建品牌形象，为占领消费者心智某一个位置增加砝码；有的产品用来防御竞争，打击竞品对主力产品的冲击；有的产品是丰富品种，增加货架面积；有的产品是核心单品的种子选手。

当然，也可以按照“跑量产品”、“拳头产品”、“形象产品”、“侧翼产品”这种划分类别的方式来划分产品角色。

产品的推出次序

产品的战略布局主要是确定产品推出的次序。即先推哪个产品？第二个上市的产品是什么？第三个上市的产品是谁？

第一个上市的产品不光要自己先生存下来，还要为后续的产品销售奠定基础。就像粟裕将军在其回忆录中多次强调的那样，要注意第一次战役与第二次战役、第三次战役的关系。打第一次战役时就要考虑第二次、第三次战役，每次战斗都要为下一次战斗创造条件。

当然，还要确定每一个产品如何配置资源，在什么时机开始推广。

设计品牌形象

依据品牌架构的决策，为每个产品设计其品牌形象，让这个产品或品牌形象成为不同产品上市的连接点。

品牌形象也是品牌的重要特征，是品牌资产积累的重要因素。笔者早年做药品销售，深知品牌形象在产品包装上的价值，因为药品对宣传包装管理非常严格，通用名药品，要求通用产品名称是品牌标识的 3 倍。这样的要求下，必然让药品在产品形象上下功夫，通过图形等建立品牌记忆特征。

比如，葵花药业用“葵花”这个图形作为品牌特征使用，形成消费者对葵花药业的记忆点，也是葵花药业的品牌资产积累要素。

白象方便面用那支“小白象”可以迅速拉近与消费者的距离，也是消费者对白象食品一个清晰的记忆点。记得 2012 年，某国际品牌设计公司，将白象的标识改为“品”字形，白象决策层最终只是在集团应用层面使用，产品包装上仍然使用“小白象”，这无疑是非常高明的决断。由消费者熟悉的、清晰的图形构成的产品形象，可以降低产品上市的传播成本，可以快速建立认知，形成尝试购买。

【经典案例】华雪啤酒河南突破记

1. 背景

当地市场几乎完全被雪花啤酒占领，主要销售都在乡、镇、村级市场；产品以低价为主，企业利润微薄；品牌知名度不高，甚至不被当地消费者认可；渠道单一，几乎全部走的是流通渠道。

这就是接触河南华雪啤酒时，华雪的一些基本现状。作为河南地方啤酒，和众多地方品牌一样，华雪啤酒一直想找到自己的定位，突破现状，成为当地的一颗新星。当我们初次和华雪接触的时候，相关负责人就告诉我们，华雪刚刚聘请了专业的技术总监，一定会先从产品质量上把关，确保产品的质量和口感，确保华雪的产品一定不比行业其他产品差，甚至有信心生产出更出色的产品。这让我们看到了华雪想要做强的决心，也让我们更加有信心和动力把华雪做好！

2. 实地考察——没有认知的产品怎么卖

我们花了五天的时间对产品、企业、市场做了初步的了解和研究。华雪当时的主要市场是河南商丘区、周口区、驻马店区等几个市场。我们首先在华雪啤酒的总部和华雪所有的业务员进行了沟通，通过业务员的角度，基本了解了企业的市场状况，了解了业务员对市场的解读和对企业的看法。

通过和业务员的沟通，我们发现就业务员本身来说，华雪的业务员整体布局比较粗放。一是地广人稀，华雪的主要销售在五个区域市场，而每个市场少的有一两个人在做，多的也就四五个人。这就说明，一个人要负责好几个县或县级市。这样导致的结果是，每个市场业务员没有精力做透。除了铺货和例行拜访，没有更多的时间做终端生动化，解决经销商的问题，更不要说开发市场或帮助经销商开发二批了。二是业务员的整体水平不足，只经过简单的产品培训。对于怎样做市场，怎样解决市场问题，只能凭着自己的摸索或是感觉去做，甚至相互之间交流都很少。所以，我们首先把企业人员的招聘和培训放到了华雪的日程表上！

和业务员沟通完毕后，我们重点走访了周口区市场，从中挑选了重点的县及重点的经销商和二批商进行沟通。华雪的现状比我们想象的还严重：品牌知名度不高，消费者不认可，产品没特色。一点关于华雪的负面新闻都有可能让华雪受到严重的打击。当然，华雪也有自己的优势，经销商对华雪的产品还是比较认可的；其次华雪对各级经销商的利润把控很到位，相较其他产品，华雪给经销的动力还是很足。

所以现在的主要问题是，产品之于消费者的认知度太低了！

3. 调整战略——卖啤酒不如卖“新鲜”

既然找到了问题，我们就要寻求出路。怎样突破市场瓶颈？怎样建立市场认知，提高品牌的知名度？怎样让华雪在雪花、青岛、燕京等大品牌的夹击下还能茁壮成长？

我们绝不能只卖啤酒，和别人一样只卖啤酒，华雪是找不到出路的！

我们通过对企业、产品、市场的重新梳理，找到了一个词语“新鲜”。这个词语可谓人尽皆知，在啤酒行业更是不陌生，也有过啤酒企业把“新鲜”作为啤酒的宣传点，但绝大多数是某一阶段的战术行为。但足以证明消费者对“新鲜”这个词语是买账的。华雪啤酒将其作为战略来运作，形成了华雪只卖“新鲜”的啤酒（非鲜啤）的战略格局。只要把这个概念做透，足以弥补华雪现有的所有劣势。而且，这个词语也完全符合奇兵兵法对词语的要求，用人人都能看得懂的词语，是能够为企业降低成本的！

经过进一步完善，我们找到了华雪的战略定位，即建立“新鲜啤酒王国”！

这样华雪卖的不是啤酒而是“新鲜”，是“新鲜”带来的一切！

4. 深化认知——超级“新鲜”符号

奇兵兵法认为，认知的主战场是消费者的心智，基于这个前提，就要从消费者的大脑出发，从左右脑的角度建立品牌认知。因此，我们建立了“左脑词语改变行为，右脑符号改变偏好”的品牌认知模型。

符号是奇兵为企业降低成本、拉近与消费者距离、延续产品、让产品在终端突出的法宝。什么样的符号适合华雪呢？

什么样的符号与啤酒行业有关，能够体现“新鲜”的概念？最重要的是要有自明性和画面感。

我们想到了“啤酒桶”这样的形象！木质的酒桶直观体现新鲜的概念，与啤酒行业有关，自明性强，而且给人一种品质好、高档的感觉。

再加上啤酒的主要原料是大麦，粮食酿造能够为品质和新鲜加分。

通过各方面的考虑，华雪符号啤酒桶就确定了！如图 5－4 所示。

图 5－4　华雪啤酒的商品符号

5. "口感新鲜不上头"——购买理由要有叫卖力

既然华雪的定位确定了，那么就该有一句华雪的口号了。就华雪目前的人力、财力、物力来看，想要突破市场，以最快的速度建立认知，现实的做法还是利用现有渠道和市场。而华雪现有的产品的终端多在乡镇的小超市或杂货店。真正做过这些市场的人一定知道，对于这样的终端，店内老板的推荐是多么的重要。我们就是要想一句能够让店老板说出口的、能直接传达给消费者的购买理由。

通过进一步和终端店老板、消费者沟通，我们做出一句广告语："华雪啤酒，口感新鲜不上头！"

我们用"奇兵兵推法"来还原现场，检验这句口号是否符合奇兵兵法的要求！假如我是终端店的店主，有人来买啤酒说"老板拿瓶啤酒"，我会说："那来瓶华雪的吧，这个啤酒口感新鲜不上头！"这完全符合奇兵兵法的要求，口语化、有销售力。常常有经销商抱怨，很多产品做推荐的时候，都得自己想卖点，厂家给的广告语根本用不上。这样的购买理由就是无效的，是在浪费企业的资源。企业完全能为经销商准备好远比经销商说出的更合适的购买理由。

6. 三大产品构成——走向"新鲜啤酒王国"之路

既然华雪定位"新鲜"，那么华雪的产品结构、包装、宣传物料、传播内容甚至传播的方式都要一体化地体现“新鲜”！以这一点为宗旨我们顺理成章地讨论出了华雪的产品结构！

首先还是让我们先了解一下啤酒的基本分类吧！从“新鲜”角度，啤酒可以分为熟啤、生啤。熟啤相对生啤而言，是指在啤酒生产过程中经过灭菌处理的啤酒，这种啤酒保存时间较长。但由于这种啤酒是经过高温处理的，其味道和颜色均比生啤要差一些。这就是通常我们在超市买的瓶装或罐装啤酒。生啤酒是指经过低温膜过滤和微波杀菌的啤酒，其味道鲜美，生啤中含有的酵母菌具有促进胃液分泌、增进食欲、加强消化的作用。生啤一般散装销售，保质期比较短。

华雪现有的产品主要是以熟啤为主，也有一些生啤、鲜啤的产品。产品内部结构混乱，缺乏市场规划，且产品市场同质化严重。结合企业的实力和市场情况，我们为华雪规划了以生啤酒（鲜啤）这支拳头产品为主，现有熟啤产品为辅的产品结构。

我们把华雪的产品规划为百分鲜系列、十分鲜系列、天天鲜系列。如图 5 – 5 所示。

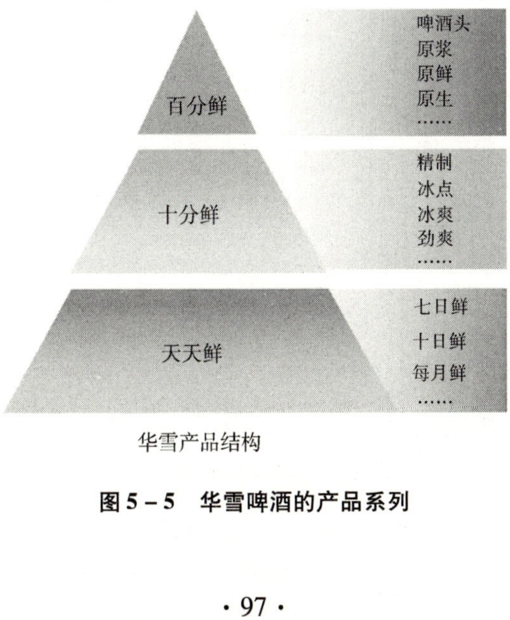

图 5 – 5　华雪啤酒的产品系列

(1)“百分鲜”拳头产品——建立“新鲜”形象。

为华雪规划的拳头产品是百分鲜系列产品，百分鲜产品既是华雪的重点产品系列，也将是华雪的第一批要上市的形象产品。要改变华雪低价、低档、低利润的宿命，这支产品就是关键！

百分鲜产品是以生啤、鲜啤以及高品质的熟啤为主。这几支产品既要弥补华雪形象上的低端，还要配合现有的渠道，渗入餐饮渠道，由以农村市场为主向以城镇市场为主转换！

其中，主打产品“啤酒头”取自啤酒头道原浆，口感、营养、质量都属上品，是华雪重点打造的高档形象产品，以1升桶装出售。因为啤酒头属于真正的鲜啤酒，保质期比较短，所以这支产品的销售渠道为县级中高档餐饮渠道。为了更好地促进终端的销售，华雪采取厂家直供+经销商配合的方式，确保终端更及时、更方便、更快捷地销售华雪啤酒头产品。

华雪原浆产品，是对华雪现有一款生啤产品的升级。以1.5升大桶装为主，这支产品主要是配合啤酒头产品在餐饮的销售，以小型餐饮店和烧烤店为主要渠道。这支产品的市场空间和销量很大，为华雪的销量型产品，主要为华雪扩充市场和提高知名度。

华雪原鲜产品，是华雪进攻县级市场的主力产品，作为高档瓶装产品，原鲜产品是配合走餐饮的啤酒头和原浆产品的，主要渠道是流通渠道。

而原生产品，是主要针对现有的乡镇流通渠道，打出的一款相对于现有产品档次和性价比都比较高的产品。

这就是我们规划的作为第一批上市的百分鲜系列产品。百分鲜产品作为主打产品，肩负着为企业打造“新鲜”概念，让渠道商和消费者了解华雪的新鲜，树立华雪新鲜形象，提高华雪产品利润的重要责任。

这一系列产品的成功将会为华雪打开“新鲜”的大门，建立消费者认知！

这几款产品都有自己的定位、进入市场的角色和任务，以及不同的渠道和不同的传播方式。为了更好地集中企业的优势资源，我们首先重点针对某一个市场，进行样板市场的打造，为其他市场建立榜样。一旦样板市场应用成功，可立即在其他市场进行复制，这种方式能够大大地减少市场浪费，提高产品上市的成活率。如表5－1所示。

表5－1　华雪不同产品的特点和定位

产品	产品要求	品牌定位	备注
啤酒头	真正的新鲜啤酒，口感、质量绝佳	战略性形象产品。树立华雪在县市区内中高端餐饮的知名度，推出华雪产品“鲜”的概念	新品
原浆	真正的新鲜啤酒，口感、质量绝佳	销量型产品。中档价格，在大众餐饮渠道的主要推广产品，创造喝鲜啤酒的流行趋势，扩大原浆在其他县的整体销量	升级产品
原鲜	产品口感、质量可靠，味道清爽、新鲜	县级流通渠道的主力产品。主要打造3万元左右的中档产品，打造县级流通渠道的重点品牌	新品
原生	产品口感、质量可靠，味道清爽、新鲜	增量补充型产品。结合现有的产品渠道，提高华雪在终端的形象，丰富华雪在终端的产品线系列	新品

（2）“十分鲜”系列产品——深化新鲜基础。

华雪的十分鲜产品系列，是针对现有产品。同样地，对现有产品的整合更是要贯彻“新鲜”的概念。除了对产品质量更加严格把关外，我们还实行了“新鲜”服务政策。要确保现有产品的销售、管理更人性化和具有针对性。其中包括对于经销商和市场反应的问题要即时解决，对经销商和终端店的拜访要勤快，对经销商的铺货要即时，对啤酒瓶的回收要快速，帮助经销商开发二批或终端要落实，等等。

这一系列产品的改进，将进一步改变经销商和消费者对华雪的印象，让市场切实感受到华雪要做“新鲜”的决心和毅力。

(3)“天天鲜”系列产品——规划“新鲜”未来。

为了让华雪成为真正的“新鲜啤酒王国”，我们还为华雪规划出了“天天鲜”产品系列。这系列产品要求限制产品在市场上的销售时间，华雪保证消费者所喝到的每一瓶天天鲜产品系列都是最新鲜的。为此，可能会有七日鲜、十日鲜这样的产品问世。

“天天鲜”的产品会更加直接地展示华雪的“新鲜”，保证消费者购买的就是“新鲜”的。但是这样的产品在市场要求较高的流转率，这就要匹配企业资源。例如，业务人员要即时了解市场情况即时铺货和回收产品，较大的产品宣传力度，包括对企业的运送能力、市场反应都是较大的考验。对于现在的华雪，做到这些显然还比较困难。那么这一系列产品就是为华雪未来规划的发展方向！

价格的制定对于产品的重要程度，在这里就不用强调了！通过对市场的了解，根据每支产品的角色，我们制定了不同的产品价位。确保每支产品占领独特的价格空间，弥补市场价位的空缺！

这就是华雪的产品结构，整合了现有产品，推出了新的产品，包括未来产品的发展方向，让企业更加明确了自己的目标。这样清晰的产品结构，明确的企业定位，更有利于企业的宣传。

7. 包装是战略的体现——让“新鲜”占领终端

我们认为符号在终端有着重要的作用，作为企业的符号，它要能够让消费者快速记住，拉进产品、品牌与消费者的距离；要能够在终端众多的产品中跳出来；要成为企业产品系列的联系，让消费者一看就是一个厂家的产品。

在设计产品包装的时候，符号一定要突出，为了和产品的结构配合（“百分鲜”、“十分鲜”本身就是很直观的销售力），包装上的符号配合“百分鲜”的字样十分突出。让人很容易看到，一看到就很容易记住，为企业降低宣传的成本。这样，首先企业在终端相较于其他产品，就已经领先了一步，那么离成功就更近了一步！

我们在啤酒终端的时候，发现店面的环境经常是杂乱的，运输包装的啤酒箱也是被随意地垒在终端店内。这样，包装箱就是我们在终端可以利用的重要的宣传方式。从消费者角度，看到的都是包装箱的侧面，这就让我们在做产品包装箱的时候，思考怎样才能让消费者注意到华雪、记住华雪呢，答案还是符号！如图 5－6 所示。

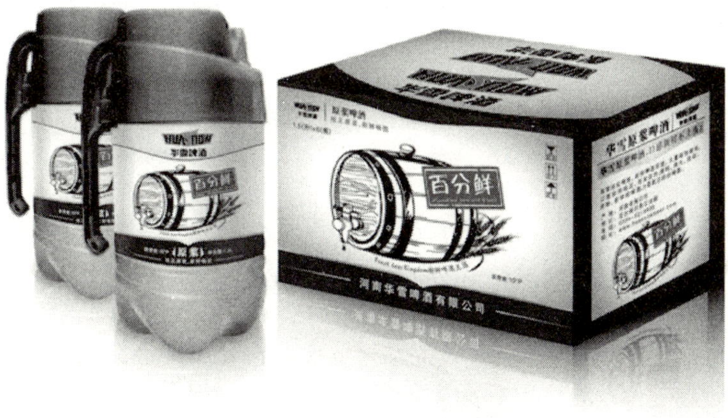

图 5－6　华雪百分鲜产品的包装

8. 新品上市——让经销商不得不卖

华雪的产品有了，怎样才能让经销商快速了解我们的新品、愿意掏腰包订货呢？更严峻的情况是华雪刚刚召开了经销商订货会，经销商依据自己的情况已经把明年的货定好了，那么对于明年要上市的新品，我们怎么办呢？

我们仔细研究了华雪现有的渠道结构和经销商状况。华雪现在的经销商一般是每个县级市场有一个一批经销商，由一批商覆盖到周边的乡镇里的二批商，再由二批商把产品运到各个村。每年的订货会基本上参加的都是各一批商经销商！现在最重要的问题是，一批商不愿意或是没有钱再交给华雪来专门订下一年的新品。

针对这种情况，我们想到了一个办法。既然一批商没有钱，我们就替一批商去要二批商的钱。这样一批商既省了事，又能赚到钱，何乐而不为呢！

我们首先针对华雪的重点市场召开“共建华雪新鲜啤酒王国新品介绍会”，通过一批商的帮助把重点的二批商都请来，通过现场的产品介绍、新品品尝让经销商了解华雪的发展方向和产品特点，再通过现场的订货政策和赠品奖励刺激，让二批商纷纷响应。

这样钱自然就进入了企业的腰包，终端要货一批商就不可能不进货，而一批商不用自己去铺货就不用自己掏钱，他更是赚得开心，这样整个市场就活起来了！

通过这样的新品介绍会，不但宣传了企业的“新鲜”定位，让经销商初步了解企业的发展目标，对企业更加有信心，更是达到了产品上市的目标，让产品还没有正式上市就火了，为新品造势！

这样对于其他的市场，采用同样的方式，让产品快速点燃市场。

当然，为了配合产品的宣传和产品的上市，我们为华雪的产品策划了一系列的上市活动和促销方案，各级市场紧密联系、相互配合。

9. “新鲜”风暴来袭，让消费者无法抵挡

为了增加华雪的知名度，更有效地宣传华雪的“新鲜”，增加消费者和经销商的信心，我们还为华雪规划了每年一次的华雪啤酒节。提前一个月开始，为华雪啤酒节造势，只要购买华雪啤酒就能得到在华雪啤酒节上免费喝限量啤酒，参加华雪啤酒节上的抽奖活动等优惠，提前为华雪啤酒节造势，吸引当地消费者的注意和参与！华雪还不定期举办一些“啤酒王”等活动，保持消费者对华雪的新鲜感，增加产品的知名度。当达到一定程度的时候，华雪将爆发前所未有的能量，再也不惧怕各种外来啤酒的威胁了！

为配合产品的宣传，我们把华雪的符号应用到了极致，不但在产品的包装上，各种终端的海报、展架、赠品、啤酒节的布置都应用到了华雪的符号。让华雪的“新鲜”无处不在。这样，企业的产品新鲜、宣传新鲜、服务新鲜，还不能让消费者感受到华雪卖的就是最新鲜的啤酒吗?

效果：从华雪开始推出核心单品“百分鲜”系列产品开始，利用现有渠道和新开发的餐饮流通渠道，仅6个月这支核心单品的销售额就突破了1个亿！

启示：企业陷入激烈竞争，要学会另辟蹊径！

在市场竞争十分激烈，尤其是你的品牌在市场上不占优势的时候，千万不要做“鸡蛋碰石头”的傻事，要学会另辟蹊径，在市场中重新找到自己的位置，找到自己的优势，用拳头产品打破僵局，建立市场认知！

第六章

Chapter 6

价格是利润的杠杆

稻盛和夫说，定价即是经营，定价决定了企业的生死，定价的策略完全取决于经营者的经营谋略。

为什么说价格关系到企业的生存与发展？

因为价格决定了利益分配和利润的多少。

有一个研究数据显示，88% 的企业没有认真研究过价格。更多的是想当然地定价，跟着感觉走，最多也就是征求一下销售人员的意见，或者经销商意见，再或者就由财务核定一个价格就上市场了。

一、定价定经营

价格是销量的指挥棒

定价与销量、利润有着紧密的关系。为什么很多企业一年做下来发现销量增长不少，但却不赚钱？

这里有一些数据可以解释这个问题：提高 1% 的价格可以使大部分企业的净利润增加 12%；而销量上涨 1%，利润仅仅上涨不到 4%；降价 20% 需要增加 1 倍的销量才能获得相同的利润（按成本占 60% 计算）。

这个数据可能在不同领域会有些误差，但是清晰地说明了价格与利润、销量之间的关系。

我们在追求销量的时候，也要充分考虑价格杠杆作用，它对利润的作用难以掌控。

有时候企业会因为定价失误，导致产品上市的失败；或者产品虽受到极大的欢迎，却利润微薄，难以为继。

其实，定价对企业来讲，始终是个难题。

跨国公司在价格上也经常犯错误。2005 年，宝洁公司在印度市场做了一次降价，宝洁在印度市场推出的洗发水价格降了 8% 左右，他们希望通过价格的下降来提高市场占有率。结果 3 个月后，宝洁公司利润持续大幅下降，5 个月后，这个项目的总负责人被撤职。

宝洁的一组研究数据表明，一年的时间都无法挽回这次降价的损失。

为了销量而损失了利润，这也是很多营销人经常忽略的问题。业务员在市场上只要听到客户认为价格高的呼声，马上回公司倒苦水，希望公司给予价格让步。

实际上，我们经常遇到这种事，当你的价格政策下来了，客户同样不买单。很多时候，客户降价的呼声背后并不是真觉得价格高，而是另有隐情。

定价就是定价值

国内企业最常用的两种定价方式是成本加成法和价值定价法。

成本加成法。这种方式虽然可以确保企业的利润，但也容易定价过低而损失部分利润。而其最常见的问题是因为定价过高而不能被市场接受，成立时间越长的企业，这个问题越严重。这类企业往往机构繁多，生产部门核算的成本已经加上了利润，财务部门还要加利润，到了销售部门一看已经不被市场接受了。最终，大多数产品都不得不夭折。

还有很多企业做到一定阶段后，就开始想着推出高端产品，以为把包装做得档次高些，就可以卖高价格了，事实上成功者寥寥无几。

很多企业以低端产品为主，随着品牌影响力增大，销售网络越来越大。在很多人的怂恿和企业不断膨胀的心理作用下，就开始考虑推出高端产品了，甚至要推超高端的产品。可是，他们已经习惯了原有的方式，高端产品除了包装外，其他配套都跟不上，这就是大多数企业的价格发展之路。

价格的本质不是消费者的承受能力，不是企业想获得多少利润，而是产品提供什么样的价值，就能卖什么价，相应，企业就能获得多少利益。也就是说，你给消费者一个什么样的购买理由，他就愿意支付什么样的价格，企业及相关群体也就获得什么样的利益。

价盘定位不仅考虑的是定什么价格，最主要的是利益分配。在营销中，不仅要满足消费者的利益和企业利益，还要满足销售者的利益，销售者的利益包括企业内部销售人员的利益、渠道商的利益。

只有利益分配合理，才能保证企业运转的各个环节顺畅。

价值定价法。设计产品价值，前边说到不同的价值就有不同的价格，产品自身的价值、形象的价值、包装的价值都构成了产品价值，决定了产品的价格。

之所以说价格是营销模式的选择，是因为它关系的不仅是在市场上卖多少钱，也决定了产品价值与渠道方式（有什么样的分配方式就有什么渠道方式）。

同样瓶装的复合维生素 C，普通药厂的价格是十几元，果维康的是几十元，安利的则是 300 多元。之所以有这样的差异，因为他们的产品价值和渠道方式不同。一个用于提供传统药效价值，一个是提供方便的价值，一个是提供安全高附加值。而且它们的渠道也不一样，一个是药店+医院，一个是商超+药店，一个是直销模式。

二、定价的战略行为

通过价格可以了解背后的战略，因为价格关系到你针对什么样的客户群，关系到竞争环境，甚至关系到产品的购买理由，与同类产品有哪些差异。

定价决定了你的战略目标是追求利润最大化，还是销量、市场占有率最大化，这些都会从价格上一目了然。

比如，同样一支笔，卖50元、200元、500元，几千元，它针对学生还是白领，锁定的是高端还是低端，这些都从价格上表现得非常清楚了。

当然，价格确定之后，企业的整体资源也跟着定位走，50元的笔跟几千元的笔，其成本肯定也不一样。几千元的笔针对高端群体，在产品的选材、工艺的打磨等要求都非常高，而针对学生群体这种50元的笔，可能更多通过工业化生产来完成。

客户是怎样理解价格的

价格很多时候是“神来之笔”，不太容易把握，一个针对高端的产品，如果价格偏低，则让人怀疑你产品的品质，定得过高，又会失去客户。

据说，丰田在做美国市场的时候发现，许多人都想买奔驰，但由于价格太高无法实现。于是，丰田就开发了凌志，在美国推广凌志时丰田宣传的口号是“用 36000 美元可以买到跟 73000 美元的奔驰一样价值的车”，并用很多图片做了对比。

丰田还通过经销商向所有潜在用户发放和邮寄视频资料，对比凌志与奔驰的价值。面对这突如其来的竞争，奔驰必须在价格上做出调整，是降价销售迎战丰田，还是另辟蹊径，这个难题就摆在了决策者的案头。

最终奔驰认为，如果降价就等于承认自己定价过高，丧失固有的高端客户，虽然可以争得一些市场份额，但最终会失去市场。于是，奔驰决定涨价，并增加一些增值服务，来保障原有的统治地位。

最终奔驰获得了胜利，捍卫了自己的市场地位。

所以，企业的价格决策，一定要非常理性地研究消费者对价格的态度，价格调整要考虑对整个目标顾客群的长远影响。

价格决定做什么产品、与谁竞争

俗话说：“一分价钱一分货。”这是常识，也是真理，价格定位一般情况下直接决定了产品的品质情况，高价格自然是高品质，低价格只能销售“大路货”。

这由成本与利润情况决定。

而且产品与市场同类产品的差异也决定了价格走向，产品同质化严重，价格自然不会太离谱，而产品差异比较大，则与市场上的同类产品就会有较大的差异。这时候，消费者所支付的溢价，就是产品差异所带来的。

同时，产品价格决定了与谁竞争，进入的是哪个领域。

很多企业之所以陷入价格战，是因为他们总是盯着对手的定价，致使自己无法自拔，经销商抱怨，消费者不买。

笔者曾经服务过一个企业，他们最初的做法就是贴着对手定价，结果经销商抱怨说："你这产品价格说高吧，还有比你高、比你好的品牌，说低吧，下边还有一堆低端的品牌，你说让我怎么卖?"

价格带是品牌竞争的武器

价格带是企业战略定位的演绎，许多酒企因为在某个价格带上的成功而赢得市场地位。比如，迎驾贡酒就是凭借银星产品在 68 ~ 78 元这个价格带上而获得成功。

金种子酒将祥和产品价格带定位在 30 元左右，柔和的价格带定位在 80 元左右，在二、三线市场建立老大地位。

古井原浆通过献礼版这个产品占领 98 ~ 108 元这个价格带，实现了古井贡酒的复苏。

王老吉从一开始就占领了 3.5 元这个价格带，并持之以恒不懈努力着。

在水市场上，农夫山泉一直坚持在 1.5 元左右这个价格带上运作，与康师傅、娃哈哈等品牌的 1 元左右价格带形成区隔。随着消费者指数的上扬，目前水领域的 2 ~ 3 元的价格带又出现了空缺。

衡水老白干凭借着十八酒坊迅速崛起于河北市场，并快速布局全国市场，而豫酒老大宋河粮液在大中原市场却难以成功。

每一个行业都会有一个从低到高的价格带，以白酒为例。

白酒领域主要存在五个主流价格带：一是以老村长、龙江家园为代表，零售价格在 5 ~ 10 元的低端价格带；二是以各地县级区域市场白酒品牌为代表，零售价格在 15 ~ 50 元的中低端价格带；三是以区域强势品牌为代表，零售价格在 60 ~ 150 元的中高端价格带；四是以泸州老窖、剑南春、洋河等二名酒为代表，零售价格在 200 ~ 500 元的次高端价格带；五是以茅台、五粮液、国窖 1573 为代表，零售价格在 500 元以上的高端价格带。

当然，白酒的价格整体具有上移趋势。随着经济的发展，价格都整体上移，低端酒价格也向下一个价格带考虑，高端酒的价格更高。不过，在高端酒领域，随着“三公消费”的限制，开始逐步回落。

价格带所表现出的是战略定位，它一方面决定了消费者的群体，另一方面也成为市场争夺的关键点。

很多时候产品脱离价格带，市场不接受，导致产品上市的失败。比如，古井原浆 5 年定价 138 元，作为公司的战略产品，力度很大但市场表现却很一般。于是公司深入渠道和终端研究发现，消费者不接受这个价格，普遍接受的是 98 ~ 108 元这个价格带上的产品，于是公司推出了古井原浆献礼版，定价 98 元，迅速走红，强势占领这个价格带，从而实现了古井贡酒在安徽市场的复苏。

在价格带定位上，企业需要从几个方面入手。

第一，价格带的缝隙。价格带的缝隙主要产生于宏观经济的发展所带来的消费升级，中国最近 10 年的消费指数逐年提高，很多领域都受到了消费升级的影响，产品开始从物质利益消费升级为精神利益消费。

以白酒为例。5 年前在省会城市，一般请客都用 20 ~ 40 元的白酒，而后一两年开始用 60 ~ 80 元的白酒，如今都是百元以上的白酒，甚至使用两三百元的红酒。

价格带升级时，若企业的产品没有跟上这种形式，被对手抓住价格带的缝隙，就会被对于成功挤占市场。比如，迎驾酒通过战略升级，推出金星、银星产品，抄了高炉家酒的后路，占据了升级后 68 ~ 78 元价格带的强势地位。

价格带从某种意义上讲也是营销的起点，一个成功的企业要绝对占领一至两个价格带，并跟随环境变迁与消费升级，不断更新产品，以获得品牌的持续发展。

第二，价格带营销背后是重构渠道链条。如上文所述，价格决定了销售者的分配与营销的投资。那么，企业所占领的价格带，也决定了用什么样的渠道模式来实现营销价值。

第三，找到适合自己的价格带。一方面从市场的缝隙中找到自己可以进入的价格带；另一方面从自身的资源出发，找到适合进入的价格带。

对于任何领域的产品都是一个道理，并不是价格越高，产品越好卖。比如，在白酒领域，高端白酒卖身份，卖文化，卖收藏，卖符号，卖价值；次高端白酒则对品牌文化的要求很高，对企业技术研发与创新要求极高。某种意义上讲，次高端价格带以上的白酒，构建的是强大的价值体系，这是“有钱人玩的游戏”。

从白酒这个例子中可以看出，不同的价格带所需配置的资源不一样，企业需要深度剖析内部资源能力，并不是资金充足就可以做高端价格带，也不是资金不足就只能做低端价格带，很多时候低端价格带的占领，需要强大的终端服务队伍，这也需要庞大的资金支持。

价格链定渠道

价格链比较好理解，就是渠道商各成员之间的价格差，也就是渠道成员各自的利润空间。这看似是一个战术层面的内容，但是在现实的操作中，很多企业就倒在价格链崩盘上。之所以在这里强调价格链的战略价值，是因为一个个血的教训总结。

渠道成员间并不是利润越高越好，而是要充分考虑不同渠道成员的功能，要通过价格链的作用将他们的职能发挥到极致。

比如，一个成熟饮料企业，给二批商的利润空间是 2 元/件，企业再投入 4 元做终端生动化。那就不如将二批商的利润空间放到 4 元，让他拿出 2 元，加上企业的 2 元共同来完成终端生动化的建设，比较之下显然后者的效果更好。

价格是老板干的活，这里边涉及整个价值链的留利与分利的关系，以及终端价格消费者接受度的问题，这是关系全局的。

价格链设计决定了渠道冲突的频次与严重程度。

价格链的设计需要注意不同渠道之间的价格协同。比如，中小零售终端、商超及 24 小时便利店之间的价格要有效设计，避免因为价格问题导致某个渠道系统进入困难。

三、价值是价格定位的根本

价值决定价格，企业最终的价格决策基于对产品价值的判断。

用价格准确传递价值

王老吉的价格定位非常准确，既实现了销量最大化，又保障了企业利润。那么，王老吉是如何保证3.5元终端零售价能得到消费者认可呢?一方面，它定位为“预防上火的饮料”之后，与可口可乐等市场上的主流品牌形成了差异，避免了短兵相接，进入了所谓的“蓝海”市场。另一方面，淡淡的中药味成了“预防上火”的佐证。这样通过价值的塑造提升了产品本身的性价比，消费者自然而然容易接受。

做产品时要给消费者一个接受这个产品、接受这个价值的理由。很多时候，是由于企业对产品的表达方式或者内容上与消费者沟通得不够，没有得到消费者的认同，因此产品价值也被低估。

笔者接触的一个香菇酱品牌，市场动销不理想，在市场上与消费者沟通之后发现，消费者对其价格不认同，那么一小瓶酱就卖8块多钱，觉得不值。其根源就在于它的产品理由，它没有让消费者感受到产品的高性价比。

感知价值决定产品定价

我们都知道一个道理，**消费者不买便宜的东西，而是买“赚便宜”的东西。**

想让消费者有“赚便宜”的感觉就必须包装产品的感知价值，让消费者看到这包装的时候，感觉产品就值这个价格，自然掏钱购买。

消费者对价值的认识，主要是从产品的质感、功能、服务、品牌，甚至传递产品的那种仪式感上来体现的。好处越多越觉得值钱，“越觉得值钱”就可以抵消消费者所支付的那个价格成本。

产品的手感、口感、质感，都影响消费者对价值的判断；功能的独特性、差异性也决定了你对价值感的判断。苹果、三星手机的功能，外观都决定了对其价值的判断。记得诺基亚有一款手机，通过宣传一个降噪的技术和功能，打动了很多人，直接付款购买。产品的仪式感也影响消费者对产品价值的判断，苹果这方面做得最好，尤其是在它的专卖店或授权专卖店，当销售人员为你打开产品的那一刻，他们会戴上手套，轻轻地用刀子划开塑封膜，小心翼翼地将产品拿出，帮你贴膜、安装程序等，那一刻让你觉得这个产品异常珍贵。

关注特殊的价格需求

人们有时候对价格缺乏理性，很多人认为，高价等于高质。因此，在某些领域，低价并不一定卖得好。当产品的品质难以通过外部指标评估的时候，就只能用价格来判断了，价格高给消费者的信号就是质量好，价格低则反之。

高贵等于尊贵。这在奢侈品领域很普遍，越贵就越显得珍贵，这是消费者对价格的一种心理共性，通过高价来体现产品的价值。

国内消费领域还有一个现象就是追高不追低。在房地产领域有共识，价格涨幅越快，销售越快，价格下跌反而观望更严重，这就是普遍的心理。

产品的敏感度决定价格

定价决策时，需要关注产品对价格的敏感度。一般分两种情况：一种是敏感产品。家庭的一些必需品多为敏感型产品，比如肉制品、酱油、醋等，这类产品要想打造超高端产品不太容易被消费者接受，适合做规模化发展，制定的价格不宜过高。

另一种是不敏感的产品。像保健品、白酒、红酒等都属于价格敏感度比较低的产品，甚至追求高价带来的“面子”上的隐性需求，这类产品适合通过价值的塑造，合适的价值主张，打造超高端产品，赚取高溢价。

注意消费者的接受极限

虽然消费者对价值有判断，但是不能超越他们的价格接受极限，一旦触及这个底线，难以实现动销。

巴黎迪斯尼乐园，1992 年 4 月开业，两年间他们的定价是 250 法郎，可是这段时间营业额非常差。后来委托调查公司研究发现，法国人当时接受的价格是 200 法郎，也就是说，他们对迪斯尼乐园判断的价值是 200 法郎以内。于是，巴黎迪斯尼乐园将门票价格调整为 195 法郎，游客数据剧增，当年实现了盈利。

这个例子告诉我们企业，要搞清楚消费者的接受极限。

【经典案例】好蜂蜜要卖出好价格

1. 蜂蜜企业的困惑

有数据显示，中国每年蜂蜜的生产量是20万吨左右，出口7万吨，但是蜂蜜的年消费量却是50余万吨，这个数据让人震惊。也就是说，从这个数据上看，国内市场上的大部分蜂蜜都是假蜂蜜。

在商超里，1000克的蜂蜜价格竟然是不足30元，而当时（2011年）蜂蜜的收购价是3万～3.5万元/吨，这样的结果让很多坚持做真蜂蜜的企业很无奈。

消费者对价格的敏感，导致蜂产品企业运作艰难。就是在这样的背景下，奇兵开始了与神农蜂语的合作。

这是一个以神农架为采蜜基地的蜂产品企业，十几年如一日地坚持生产、销售真蜂蜜。在走访市场的时候，我们从很多经销商的口中也证实了这个企业的产品质量，甚至有不少经销商加盟开店的初衷就是自己吃。

陕西安康的加盟店负责人已经70岁，除了正常的销售外，坚持给患有糖尿病的老伴使用神农蜂语的蜂胶产品。在沟通的时候，他对我们说，很多知名度较高的蜂产品企业他都实地看过，有的生产加工环节确实很好，但是蜂农却一桶蜜一桶糖浆地勾兑，源头没保障，再好的生产设备也没有用。

这朴实的语言，也让奇兵项目对神农蜂语的产品更有信心，也决心将这个真正的蜂产品品牌做起来。

2. 突破点还是要从市场上去寻找

好的创意不是在办公室里坐出来的，是在市场上跑出来的！基于此，我们当即下市场进行走访，和消费者进行沟通，和销售人员进行交流。

除了对神农蜂语专卖店的营业能力进行诊断之外，奇兵项目组重点研究了消费者对蜂产品的认识，对选择标准的认识，对神农架的认识。

通过对北京、郑州、开封、青岛、胶州、十堰、安康、长沙、三亚等市场的走访，对消费者的了解逐渐清晰。

（1）消费者对蜂产品认知。

对于蜂蜜的功效消费者有着广泛的认知。比如，促进消化、提高免疫力、促进长寿、改善睡眠、保肝、抗疲劳、促进儿童生长发育、保护心血管、润肺止咳、促进钙吸收等诸多功效。

但消费者对假蜂蜜的新闻也影响了对整个行业产品的信心。很多消费者反映，买不到纯正的蜂蜜，也不知道如何判断哪些是真蜂蜜。

而且新闻报道的假蜂蜜厂家许多都是大家熟知的品牌，这让许多消费者对蜂蜜产品心寒。

（2）消费者的选择标准。

挑选蜂蜜没有具体的标准，选购的随机性大。该市场形势下，影响消费者选购产品的要素主要有价格、包装（外包装及产品诉求）、终端人员现场推广等。

倾向于大品牌消费。虽然消费者选择标准比较模糊，但在蜂产品品牌较多且真假难辨的背景下，总体选择还是以“冠生园”、“百花”、“汪氏”等品牌消费居多。

倾向于实惠消费。在消费者选择标准不清晰、蜂产品真假难辨的前提下，部分消费者转向实惠消费概率比较大。郑州金博大“冠生园”

加送75克，有两名消费者直接选购此产品；郑州沃尔玛，一位老年人针对“花工坊”凹进去的包装，感觉厂家在量上有投机行为。

（3）消费者的蜂产品知识。

消费者能够认知蜂产品对身体有益——美容养颜、改善睡眠、无糖减肥、治疗便秘、清凉去火等；同时，终端销售员向消费者推介产品时也都是从产品功效着手，根据消费者的年龄层次以及购买目的去推荐相应系列的产品。

消费者难辨蜂产品的质量优劣（或真假）。关于蜂产品质量优劣（或真假），消费者普遍表示即便是现场品尝也难以分辨，但仍会购买。而其市场表现又分两种截然不同的形式：一是通过其他途径获取的信息（主要是新闻报道），认为市场上根本没有真正的蜂蜜；二是比较相信超市，认为进超市的蜂蜜质量应该没有太大问题。

（4）对神农架的认知。

在商超对消费者的随机采访中，消费者对神农架的认知大致有两类：一是概念性的印象——“原始森林”、“原生态”等；二是事件性的传闻——“野人”、“神秘”等。

关于神农架的蜂蜜，消费者的思想认知基本上是空白的，不知道神农架有蜂蜜，更不知道市场上有神农蜂语。

3. 品牌整合

从研究消费者出发，重新整合品牌，建立消费者对神农蜂语的品牌认知，打造一个“真蜂蜜”的标准。

首先按照奇兵兵法的标准，奇兵项目组认为，“神农蜂语”这个品牌名字成本比较高，需要调整一下。由于企业知名度还不高，当前改名对神农蜂语来讲无疑是成本最低的时机。

经过奇兵的研究，建议神农蜂语将名字改为“神农蜂”，虽然只有一字之差，但是传播成本是不可同日而语的。如图6-1所示。

图6-1所示　神农蜂语的新品牌

对于品牌认知而言，你是什么不重要，重要的是消费者认为你是什么！

很多的企业认为，只有顶尖的产品才能成就顶尖的品牌，只有顶尖的产品才能够赢得市场的追捧！

很多企业老板不理解："为什么我的产品那么好，就是没有人买呢?"神农蜂语同样是犯了这样的错误。营销的本质就是一场认知的争夺战！

如何打好神农蜂语这场认知战呢?

首先产品卖点要成为真蜂蜜的标准，经过数个创意会之后，奇兵项目确定了：

100%纯蜂蜜

这个既是差异点，又作为产品名称的购买理由。

如何诠释100%纯蜂蜜呢?

当我们参观神农蜂语的车间时发现，企业的生产设备很简单，只有过滤的设备和杀菌的设备，其他就是灌装设备。这让我们很惊讶，负责技术的总工跟我们讲，纯蜂蜜是不需要其他工序的。

一句话让我们明白了，真蜂蜜的生产都是简单的。

于是，我们用一句顺口溜来诠释100%纯蜂蜜：

蜂蜜就得简单酿，

去杂杀菌就灌装，

没有任何添加物，

天然纯正真蜂蜜。

将这四句话放到包装上，让人们看到之后对纯蜂蜜认可，同时还可以帮助神农蜂语去传播。

与此同时，还需要设计一个视觉形象，并建立一套神农蜂语的标准。

最终诞生了“黄金蜂巢”这个品牌符号，也形成了一套“金巢标准”。如图 6－2、6－3 所示。

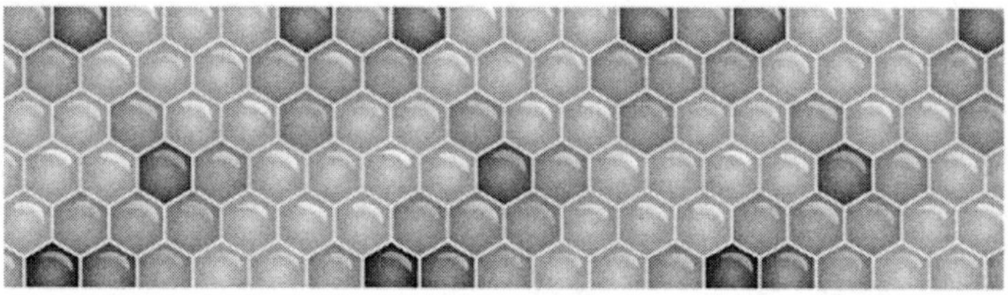

品牌符号：黄金蜂巢

图 6－2　黄金蜂巢的视觉形象

真蜜时代，认准#金巢标准#

黄金蜂巢，来自神农架的蜜

嫁接神农架的自然、无污染理念，体现“蜜源好，蜜才好”的常识，在调查中，80%的受访者都知道神农架，对神农架的联想是：原始森林、神秘、野人等。这样的认知常识，正是“金巢标准”的核心。

黄金蜂巢，纯正的蜜

黄金蜂蜂巢代表真的蜜，没有任何添加的蜜，让“黄金蜂巢”成为这个假蜜一统天下时代的一个分界线，成为真蜜的一个认证。

黄金蜂巢，天然的蜜

黄金蜂巢也是天然的一个代表，黄金蜂巢就是纯天然的蜜，因为蜜源天然，蜜也天然。

图 6－3　金巢标准

4. 开发新产品，进入流通渠道

奇兵研究整个行业时发现，这个行业主要以专卖店加盟为主，规模最大的是汪氏蜜蜂园，店面比较多，但是关店率也比较高，而且销售规模并不大。因此奇兵需要一个新产品进入一个新的领域来放大神农蜂语的销量。

一次偶然的机会，我们参加一个行业会议，有赞助企业在会场门口发放品尝装的蜂蜜，领取一些后，在会场一边听报告，一边往嘴里挤。这时笔者一个念头闪过，觉得可以开发一款针对儿童的蜂蜜。

10～15 克袋装，可以一口挤到嘴里，儿童都有吃糖的习惯，而吃蜂蜜不仅不坏牙、不发胖，还能够提供孩子的身体抵抗力。

产品的名称也顺理成章地出来了，叫作“一口蜜”

形象、有画面感，完全符合奇兵兵法对名字的要求，是一个低成本的好名字。于是，晚上与神农蜂语的宋总在宾馆沟通后，我们确定了这个产品思路，开始安排相应的工作。

图 6－4 “一口蜜”的包装

紧张的工作之后，“一口蜜”的包装就出炉了。如 6－4 所示。

经过设备的调试，很快产品也出来了，我们选择了一个省会城市的校园店，一个县级市场作为样板进行试点操作。

一个月的时间，效果就显现出来了：校园店销售突破 1000 袋，单日最高销售 50 袋，县级市场自然销售 2 万元。

在这种情况下，奇兵与神农蜂语决定扩大招商范围。于是，选择了在《糖烟酒周刊》上投放招商广告。

奇兵设计的简单有效的招商广告也很快就出来了。如图 6－5 所示。

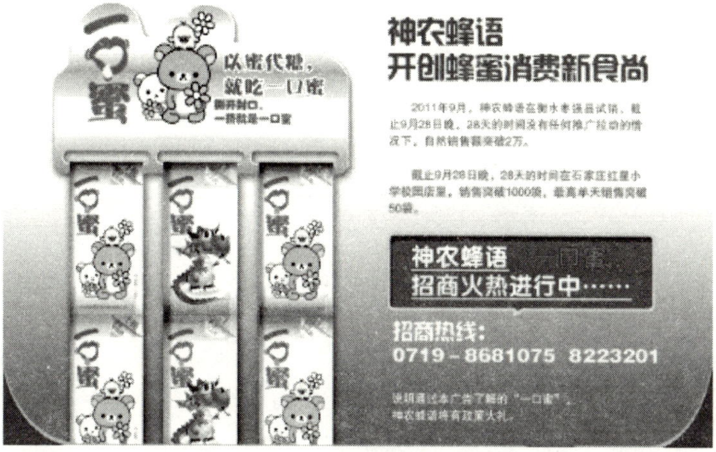

图 6-5 “一口蜜”的招商广告

一个半版的广告，一个月内电话被打爆，平均每天 3 个咨询电话，得到了诸多食品经销商的认可。

5. 一个看了就想买的广告

电视广告的目的是除了知名度外，最主要的是让人们行动起来，实现尝试购买，奇兵项目组在基础规划完成之后，开始电视广告创意。

很快，一个简单有效的文案，就得到神农蜂语的认可。

蜂蜜，我只用神农蜂语100% 纯蜂蜜。

蜜蜂就在这天然、无污染的神农架里采。

酿造只有去杂、杀菌这两道工序。

神农蜂语，只是这纯天然蜂蜜的搬运工。

买蜂蜜，我们都选神农蜂语！

每一句话都具画面感，一个有销售力的广告就这样诞生了！

通过我们一系列的宣传攻势，神农峰找到了一大批优质的经销商，市场反应十分热烈！甚至有经销商很自信地说“这个产品一看就知道好卖”。这就是我们经常说的，“好的产品是会自己说话的，这样的产品想不好卖都难！”

第七章

Chapter 7

渠道布局与终端动销

渠道策略就是解决销售员、渠道商如何愿意积极地卖的问题，解决如何最大限度地整合利用销售者资源的问题。

一、渠道决定营销模式

有人说，品牌决定定价权，渠道决定销量。没错，在营销的要素中，产品和渠道是重中之重，这两个要素是企业实现销售力的根本元素。产品是基础，渠道是放大销量的重要保障。

当前企业运作中，少有能够同时做好产品与渠道两个要素的，凡是能够同时做好两个要素的企业都是高速增长的企业，都是能够快速成为同行领先品牌的企业。

比如，王老吉销量的快速增长，除了品牌定位、单品战略、广告场景之外，渠道的布局与掌控力也是企业销量翻倍增长的核心要素。宗庆后能够蝉联福布斯富豪榜首，也是得益于他的渠道，以及那几支主力产品。

做渠道，其核心就是解决如何让销售者积极卖的问题。

渠道商是企业营销的重要组成部分，又是企业组织架构外的组织，如何控制这个群体，自如地贯彻企业的意志，这是企业营销能力的表现。

渠道这个环节对任何企业来讲都是最复杂的、最头痛的一块，当然也是可以快速出量的一个有效手段。所以我们说这是一把双刃剑，用好了可以高效、快速提升销量与品牌，用不好就会伤到自己。

对于渠道商，他们不是消费者，而是一群活生生的、对利益有着强烈欲望的人，要想让他们积极地卖你的产品，就必须给予合理的利益。一种利益是单品利润高，另一种是高流转率带给经销商的资金使用利润，也是品牌对渠道影响力带给他的利益。

我们要清楚地认识到，渠道商们真正的产品不是你的产品，也不是其他企业的产品，不是有多少辆车和多少人的队伍，他们真正的产品是手里的分销网络，拥有多大的网络就有多大的话语权。

解决渠道商积极性的主要目的就是确保产品的能见度。

“晨光伙伴金字塔”的渠道战略让它增加了产品能见度，将一支小小的笔做到了十几个亿。它整合了直销模式和快消品流通模式，以“层层负责，层层贡献”的“伙伴天下晨光系”为理念，用48人的销售队伍，实现了13亿人民币销售（2007年数据），而且深度分销到村村寨寨的三、四级市场。晨光整合了超过4000人的经销商队伍，而这些经销商都是只做晨光的专销商，直接管理超过35000家晨光样板店，辐射数十万销售终端。

产品能见度既决定了销量，也决定了品牌的认知。可能有人会认为能见度是快速消费品的问题，而事实上它是任何行业的一个重要参数。

微软的产品为什么盗版比较多？其实很大一个因素在其自身。在很多培训中，我问大家到什么地方可以买到微软的产品，绝大多数人都说不知道。甚至有人在课间的时候还跟我讨论，说想买但很多地方还真买不到，只看到网上有卖，但又不敢买。

这不就是能见度有问题吗？微软那么高的知名度，用电脑的人几乎人人都知道，却买不到，这是谁的责任呢？

再看看苹果，苹果的知名度也很高，它为什么能够获得那么高的市场价值？除了产品价值之外，它的能见度也决定了它的销量。不管在什么场合，询问“知道苹果在哪里买吗?”几乎所有人都知道。

有工业品企业说，我们这个领域不需要能见度，我们都是一对一的公关。可是当你的网点不够，业务员覆盖面不够的时候，销售一样出问题，增加能见度一样可以提高销量。

圣春散热器公司就是工业品企业，我们为什么决定同时上铸铁暖气片、钢制类暖气片、地板采暖、太阳能采暖？就是因为它的能见度非常高，全国各个采暖区的县级市场都有其业务员。基于这个渠道和品牌优势，使其销售额从不足4个亿，突破到10个亿。

如何实现能见度呢？主要靠铺货率。如何实现铺货率呢？靠拜访率。记得有人说过一句非常形象的话——拜访率是铺货率的“妈”。

根据罗宾·邓巴的150定律，一个二批商能够认真覆盖的零售终端大概是150~200个，再多就会做不深、做不细，铺货率会明显下降。

一般在一个区域终端网点的数量是按照人口计算，平均每400~500人的区域就会有一个零售终端存在。所以，总人口数÷400（或500）=终端网点数。根据不同的产品，400或500这个数字可以变动，变动之后就是有效终端网点数。

在经销商的管理和运作上，很多企业喜欢采用订货会的方式进行，但绝大多数企业往往只针对一批商订货完成就结束了，而优秀的企业还要帮助企业向下游卸库，尤其是快消品。只有将产品卸到二批商的仓库里，渠道才真正活起来。

当然不是任何企业都盲目地追求能见度，要依据自己的资源情况进行。对于大多数中小企业而言，要确定自己的根据地市场、战略型市场、扩张型市场、阻击型市场等，在根据地市场要确保其能见度，而其他市场则不要过于要求。

所以，这里必须要强调几个误区：

第一个误区，能见度越高越好，也就是说，渠道铺货越宽、越深越好。显然这不是针对所有的企业、所有的产品。产品价值不够，货铺上去了却卖不掉，最终还是损失自己。

第二个误区，经销商的利益越高越好，经销商数量越多越好。这都不是确定的概念，要基于企业资源现状来确定。

虽然笔者强调产品能见度，但要基于现实发展自己的能见度。有个做饮料的企业跟我讲，要动员经销商学习康师傅做深度分销，让有人的地方都能买到自己的产品。我说你错了，你的品牌还不够强大，产品还没有铺上去可能就死了，千万别做傻事。

在渠道策略上，建议企业要做到两个配合。

第一个是销售热点与渠道扩散度配合好。产品购买理由充分，销售热点才能出来，销售热点出来才能帮助渠道扩散，这两个点配合好，才能起量并稳固市场。

第二个是经销商的密度与利益配合好。经销商的利益不是越大越好，密度也不是越大越好。密度大显然经销商吃不饱，密度小市场做不透。笔者服务塞飞亚开拓上海市场，偌大的上海市场只有两个经销商，利益足够大了，但是市场做不透。企业问我，是否需要把几十个二批商都发展成一批商，我说不行，这样一批商都吃不饱就没人做市场了。最终选择十几个一批商做上海市场。

对于一些需要售前、售中、售后服务的产品来讲，还要注意的一个问题是企业的服务半径与市场的配合。服务跟不上，就不要触动那个市场，否则市场还没做起来，就有了一些负面影响。

长寿花玉米油被定位为“健康当家油”。销售热点提炼为“健康12道，道道真品质”，经过包装之后，出厂价从33元提高到55元，零售价88元。然后找主持人倪萍代言，通过广告来提高知名度。

基于价格和产品价值的包装，它在渠道上实施了“百市千县工程”，只需要招10个销售人员，一个人负责一个地级市就行了。

这样的操作既解决了产品铺上去就能够卖掉的问题，又解决了经销商的利益问题，还能确保市场能够做透，这个产品就实现了多赢，获得了快速成长的机会。

由此可见，渠道的问题本质上涉及了营销的各个方面：没有品牌的配合，渠道战斗力不强，管控不力；没有价格体系的有效管控，渠道就会丧失控制力和推力；没有了产品的爆发力，就不会有渠道成员的持续跟进。

二、样板市场与市场布局

用样板市场来试错

由于直接大规模推广出现的一些问题会给企业带来巨大损失，所以样板市场越来越受到企业的重视。一套新的营销模式或方案，经过样板市场的操作，很容易找到其中的问题。

样板市场的概念最早是史玉柱提出来的，他始终强调企业一定要做试点，而且**试点要慢，复制要快**，要在样板市场里将共性的问题解决掉，避免在其他市场犯同样的错误。

虽然说区域市场中存在着很大的差异，但是企业普遍认为，培育样板市场非常有必要，一方面可以摸索区域销售成功的规律，另一方面还可以为经销商建立信心。

样板市场的形成，通常会有三种情况：一种是自然培育起来的样板市场，企业没有任何投入，时间的力量自然形成了样板市场，这种市场不具有可复制性；另一种是通过经销商的力量形成的样板市场，这种市场也不具有可复制性；第三种是依靠厂家的策略、资源、战术打造出来的样板市场，具备可复制性，可以波浪式推广。

1. 样板市场的作用

（1）**样板市场可以投石问路，规避风险**。世上没有完善的方案，只有经过市场的检验才能清楚问题点在哪里，操作难度在哪里，哪些地方需要改进。因此，样板市场的价值就凸显出来了。笔者为企业服务都要从样板市场开始，尝试新方案在市场的效果。通过样板市场的试验，总结经验，找出问题，完善方案。

（2）**集中聚焦，各个击破**。在样板市场聚焦，解决市场操作常见问题，将这些问题各个击破，这种模式具备可复制性，可以将损失减少到最小。

（3）**以点带面，星星之火可以燎原**。通过点上的尝试和成功带动其他市场的热情，不仅可以快速复制样板市场的模式，还能够带动其他市场销售人员和经销商的热情。

所以，样板市场选择要符合两个条件：一个是市场要容易成功，具有做第一的潜质；另一个是具有复制性。有些企业操作样板市场，的确符合了第一个条件，把企业资源最好的市场做样板，而到了其他市场，这些资源没有了，就难以成功了。

2. 样板市场的监控与总结

在样板市场上操作，要对样板市场的投入与产出情况进行实时监控，了解销量是从哪里来的，销量的产生有没有特殊情况。

同时，还要掌控销售人员的操作情况，销售人员将基本的动作做到什么程度，其他市场的销售人员、经销商的人员能否做到这个程度，这是判断模式是否可复制的关键。

曾经在网上看到黄金酒操作样板市场的一个方案。

黄金酒在全国选择了四个试点市场，即青岛、新乡、芜湖和江阴，对投入和产出进行了详细对比，也总结了效果好的市场的一些做法，不好的市场的一些问题。通过这些问题的总结，确定黄金酒要跟白酒放在一起卖可以带来更好的销量，与保健品或保健酒放在一起卖，则效果比较差。

有了这样的总结，复制其他市场时就有了标准。

在样板市场的操作过程，必须要清楚几点：①销量是谁贡献的？②哪些产品贡献的？哪些渠道贡献的？③渠道深耕，在哪里深耕？用什么方法深耕？

如何进行市场布局

企业要打造两个市场，一个是样板市场，一个是基地市场。样板市场可以给整体市场带来信心，带来新模式，新的增长点。基地市场可以为样板市场、其他市场造血，源源不断地提供现金流和操作经验。

1. 以地盘为主线的布局

通常而言，基地市场要实现“三高”，**即高铺货率，高占有率，高利润率。**

市场布局的首要任务就是打造基地市场，并在基地市场的基础上，向外围扩张，稳固地占领市场。

因此，整体市场布局要按照“基地市场+腹地市场+辐射市场”的市场结构，不断推进，形成一个稳固的市场格局。如图7－1所示。

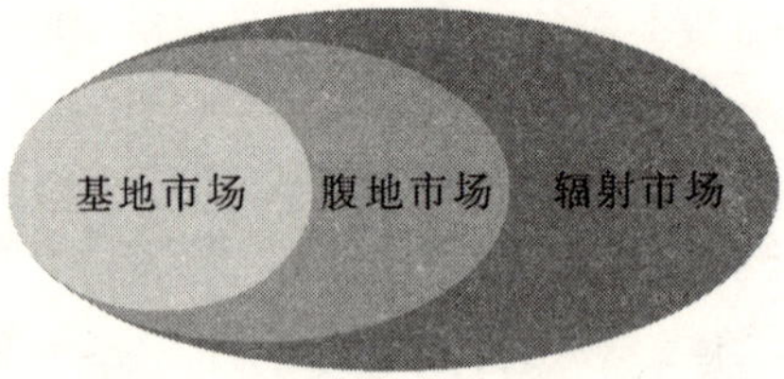

图7－1　整体市场布局

首先打造**基地市场**，为企业造血，提供各种支持。基地市场要形成扎实的产品组合系统，稳定的终端管理系统，强大的渠道比例。

笔者研究发现，凡是在市场比较稳定的品牌都有其基地市场，并在基地市场形成了强大的壁垒。

衡水老白干酒将衡水、石家庄打造成了自己的基地市场。2012年仅石家庄市场就贡献了8个亿的销售额。

山庄老酒将承德市场打造成基地市场，十几年无人能够撼动。因为有了承德市场的造血功能，使得在攻占石家庄市场、唐山市场时从容得多。

古井贡、迎驾、口子窖都在合肥将不同的价格带形成自己的基地市场。湖北的白云边牢牢地占据武汉市场。百年糊涂在广东市场从佛山发力，逐渐将广东市场打造成基地市场。

无独有偶，每个稳定的品牌都有基地。跑马圈地式做市场，市场容易不稳固，再者销售额都不会太大。

腹地市场是在基地市场外围的半成熟市场，具备成为第一品牌的潜质，一旦投入精力精耕细作，即可打造成新的基地市场。

辐射市场是腹地市场外围的远距离市场，采用的是高举高打模式，潜伏培育，寻找快速崛起的机会。

按照先打造基地市场，基地市场成熟之后，开始投重金打造腹地市场，将腹地市场变基地市场，然后辐射市场变腹地市场，这样滚动发展。

也可以在一个基地市场的基础上，根据全国布局的需要，在另外半成熟的市场重金打造一个新的基地市场，然后按照腹地市场、辐射市场这样的模式滚动发展。

2. 以品牌为主线的布局

以品牌为主线的布局，主要是占据某个价格带，形成全国性的垄断与布局，这种布局手法是重利润轻销量。

这种布局要求企业品牌打造上重金投入，在品牌整体规划、品类区隔等方面的要求比较高，尤其是高端产品多为此布局。

当然，最稳固的方法是基地市场+品牌布局的方式。有基地市场为其造血，再加上实现某个价格带产品的全国性扩张。

洋河蓝色经典即属于这种结合式的布局手法，它将江苏市场打造成基地市场，为其贡献现金流，为全国市场的布局与扩张提供“弹药”支援，形成了以“梦之蓝”、“天之蓝”、“海之蓝”为主导的品牌垄断，成为过去白酒黄金十年中成长最快的品牌，成为为数不多的百亿品牌之一。

三、终端动销的策略

终端不动销的原因

（1）市场有多少个终端网点？铺货计划如何？完成了多少？终端库存是多少？

（2）哪个渠道卖得不好？卖得不好的原因是什么？

（3）是否有终端生动化标准？执行情况如何？

（4）是否在最佳陈列位置？是否优于竞品？本品是否被竞品覆盖？

（5）终端关键人物是否知道本品的价格政策？

（6）当地核心区域的龙头店、核心街道是否被本公司控制？店面形象是否达标？宣传是否到位？优势区域是否形成？

（7）是否有标准的产品推销话术？能否打动当地人？终端店主和店员是否掌握？

（8）终端客情如何？

通过对以上问题的回答，即可查出终端不动销的一些原因。

简单动作实现终端动销

最近，发现各个行业的产品或多或少都存在终端动销的问题，除了终端自检之外，还要从产品角度去改善动销问题。

有时候终端各方面工作做得都很到位，但是动销还是有问题，这显然是产品本身出了问题。比如产品卖点销售力不足，产品跟随性太强，导致消费者转向购买成熟品牌等。

实现终端动销，通常可以从以下几个方面改善：

1. 改善产品购买理由

要深入终端，研究产品购买理由是否对购买者有诱惑力。如果难以打动顾客，就在原有卖点基础上进行话术提炼。话术要简单，在终端发现打动购买者的点。提炼不超过三句话的话术，再将这简单的话术教会终端人员。

也就是说，产品卖点可以说不出口，但是终端产品话术一定要让业务员说得出口，让终端促销员、店老板能够说得出口，还要有效。

2. 集中精力做 20% 的店面，让它出业绩

这同样是聚焦法则，通过集中力量做 20% 的店面，建立其他店面的信心，形成热销氛围，进而使整个区域实现动销。

3. 动销物料的使用

基础工作是终端动销的关键。要把产品陈列在最好的位置，比如，把产品放在 1.5 米高的地方，从视觉和方便性上最好；同时也将产品在终端形成堆头的形式，实现热销氛围。

还要做好海报、POP、展架、条幅等，以压倒性的优势，占据终端的制高点。

4. 做好终端客情

试想一下在终端哪些人影响销售？

显然是终端店老板，还有店员。既然他们起关键作用，就要让他们熟悉我们的产品，愿意介绍我们的产品。

人们都愿意介绍熟悉的东西，因此终端话术提炼很关键。一是要好记、好说，二是要有特点，让推销者不费劲。这是完成了第一步，此外，还要区别对待。对待店员每次去要给些小恩小惠；对待老板除了一些小恩小惠外，还要不断提醒他卖我们的产品在利润方面的好处。

【经典案例】圣春品牌传播的“15字诀”

［背景说明］

2008年，笔者与圣春（圣春冀暖散热器公司）合作的重点是沈阳市场的销量突破。在此之前，圣春沈阳市场的销量没有突破过50万片。市场调查结束后，笔者与圣春确定的销售目标是80万片。通过一系列市场运作策略和半年的共同努力，上半年的销量效果很明显。于是，笔者接受圣春的邀请，在半年会上分享沈阳市场的经验。

这篇讲话的内容涉及许多操作的细节，既有成功的经验，也有需要总结的教训，还有需要进一步探讨的问题，保留了营销的原汁原味。

圣春品牌传播的“15字诀”

——在圣春半年会上的讲话

大家好！

很高兴在这里和大家一起分享今年上半年沈阳市场运作的一些体会，通过这些体会以及操作感受，我总结了区域市场运作的一些比较实用的方法供大家参考！

这个方法就是简单的几个字，很容易理解，也比较容易操作，就是**找对人、说对话、做对事、走对路、用对心**。对于这些方法，我想结合沈阳市场运作的具体操作内容来和各位分享这十五个字的具体操作思路。

1. 找对人

这个策略很容易理解，就是无论是以广告传播、软文传播的方式，还是通过活动与客户深度沟通，都要选对我们的目标客户。也就是说，要清楚我们的市场运作是针对谁做的。其实大家都非常清楚我们的目标客户群体是哪些，就是房地产开发商，公建项目的基建处（或科）。但是在操作的时候往往容易出现问题。我曾经和原熊猫手机的市场部经理沟通过，他说他最想不明白的是，一款新手机推向市场，明明定位在白领人群，包括功能、外观等都是针对他们设计的，可是到最后消费的人群很大一部分都是农民工，这让他百思不得其解。这件事告诉我们，**目标群体看上去很好把握，可是在操作中却很容易偏离。**

沈阳今年针对两个目标群体分别设计了公关活动。

一个是针对开发商的，这个活动于2008年4月13日在辽宁大厦举行，当天来了大约100个房地产开发商代表。会议现场，从入场开始就被圣春影视广告和宣传片笼罩着，在会场的两侧有易拉宝宣传海报，在参加会议的开发商代表领取的资料中，有我们的宣传册、2007年影响地产发展的10篇文章、宣传卡片等关于圣春的资料，背景画面是“圣春领航者”辽宁经济与房价走势及采暖散热器、塑钢门窗发展论坛，真正做到了客户进入这个会场之后，就被圣春的信息包围。

在2007年影响地产发展的10篇文章中，既有关于采暖散热器的软文，又有关于圣春的软文，里边还有许多圣春的品牌、产品形象广告。在具体的文章中，都有关于圣春理念的介绍，也就是说所有的资料都在传播圣春采暖散热器行业领航者的信息。在现场，一些别的厂家也在发资料，但是我仔细观察了一下，会议前和会议中在看我们这本册子的人差不多达到参会人员的半数。

其实，设计这本册子也体现了找对人的思想。因为这本册子是给地产商看的，目的是要让他们在读的过程中了解圣春，了解圣春的历史、实力、品质、技术等信息，让他们感觉到这本册子是为他们准备的，内容是他们关心的。当然，可能有些人在网上已经看过一部分内容，但是据有关研究部门的研究结果表明，同样的内容如果出现在不同的版面或者不同的编辑环境中，重复阅读率为87.6%。而这本册子从内容上看是他们关注的内容，里边有王石、潘石屹、冯仑等地产大腕的观点，也有经济学家关于地产的论调，同时又使圣春思想融入其中。

在沈阳市场的另一个活动是针对教育系统的基建处（科）和校长级别的，由于一些原因，这个活动最终没有办成。但是在不断的努力下，将一部分教育系统负责采购的人员带到了沈阳品牌专卖店，向他们展示了圣春的实力、技术、品质等形象。同时由于专卖点的存在，让他们对我们的服务也建立了信心，建立了对圣春的更为深入的认识。而且前往专卖店的人员都是握有实权的人，从某种角度讲，这样操作的效果可能比举办活动的效果要好，只是缺少了一种氛围。如果我们在专卖店里就能营造一种类似于活动现场的氛围，既可以节省市场运作费用，又能起到更大的效果，这应该是一个重要的课题。

实际上，找对人的策略中还有一个问题就是，要找到我们（圣春）与客户最有效的接触点。我举一个例子，米其林轮胎做品牌传播时，感觉到自己以前确定的品牌接触点有盲点，就对品牌接触点进行了一次全面的梳理。经过研究发现，购车者在买车的时候，关注的配件、性能等方面的信息中，对轮胎没有太多的关注，等他们行使一段时间以后，才收集轮胎的信息、更多的是通过专卖店了解，这些都不是米其林的关键接触点。最后，米其林发现，每一个开车的人首先要学车，而学车就要去驾校，在驾校对他们进行轮胎方面的教育，并让他们先入为主地了解米其林品牌，这应该是一个非常关键的接触点。于是，米其林在北京和上海的驾校展开了各种活动，比如安全教育，轮胎对安全的重要性，以及米其林产品性能等方面的讲座，提升了米其林的品牌形象。

在沈阳市场运作的过程中，也一直在探索有没有更有效的品牌接触点，能够传播我们圣春的品牌信息。通常而言，品牌接触点有很多种，有能够起到影响力作用的接触点，有树立形象的接触点，有能够对销售起作用的接触点等。我们要找的就是能够提升品牌影响力，又能够在销售中实现有利于圣春的接触点。经过研究，锁定了房地产中的总工程师。

实际上，说到目标客户，设计院算不算是我们的目标客户呢？这是一个非常现实的问题，可能认识不同，看法也不一致。在我看来，他们不属于是我们的目标客户，而是战略合作伙伴，包括建委等职能部门都不应该放在客户的行列，因为运作客户与运作合作伙伴的方式是不同的。

所以，在区域市场运作过程中，要找准关键人。在沈阳市场的运作，我认为今年的线条还是有点粗，还能够再深入一步，精细化地运作。其实，市场运作与销售攻关的对象是紧密相连的，换句话说，市场运作的对象是从销售运作中来的。在销售攻关的九字诀中，第一个也是找对人，这个找对人的主要思想是找到关键人。什么是关键人，项目攻关的过程中不同阶段的关键人是不一样的。在开始阶段，采购部门就是个关键部门，因为他们有三个权利，一是发布信息的权利，二是收集信息的权利，三是筛选信息的权利，虽然他们没有最终的决策权，但是如果在这个阶段忽略了关键人，或者给他们留下的印象不好，或者你在第一轮就被淘汰出局，根本就没有在往下继续找关键人的机会。

其实，在销售攻关的找对人中还涉及找到人、找准人、找全人、找关键人的问题。所以，在找对人这个环节的市场运作还能够更深入地进行。比如，通过不同的方式针对高层进行运作，针对水暖工程师传播，针对项目经理、采购部门的宣传等。当然，这些运作并不一定要用组织活动的方式，可以有针对性地采用DM单、赠送专业书籍、组织讲座、举办沙龙等。

2. 说对话

说对话主要是指，找到了关键人之后说什么，如何有效、准确地传递圣春品牌信息，让客户了解圣春的品牌诉求，了解圣春的优势、实力、品质等方面信息。就这个问题，年前的时候，与常总（营销副总）、市场部门人员一起提炼了一个600字左右的宣传纲要，非常精炼地将公司的历史、实力、品质、技术、服务等信息表达出来。同时，市场部门及其他部门还针对这个纲要编写了详细的说明，此外，详细地阅读《营销宣传手册》能够全面了解公司各种优势及细节内容。当时设计的时候，提炼纲要的目的在于，如果销售人员记不住全部内容，只要记住纲要就可以在投标的现场或者客户要求介绍的时候，将公司的整体优势介绍给客户。

这个手册市场部印制出来后，公司人手一本。这也应该是办事处市场运作的一个重要内容，因为销售人员也是品牌的接触点之一，而且是一个重要接触点。

去年，奇兵一进入公司就全面地规划了圣春品牌内涵，我再简要重复一些常用的要素：提炼了品牌核心价值“领航技术，持久品质”；品牌的身份定位是“中国散热器行业的领航者”；品牌口号为“持续35

年引领中国散热器技术，持续35年推动中国散热器发展”。随后确定第一阶段的品牌定位，将在三五年之内以“领航者”的概念推广圣春品牌，塑造圣春的领航者形象。之所以首先树立领航者的形象，是因为可以通过这种定位将圣春与竞争对手鲜明区分开，即圣春是领航者，其他都是跟随者。所以说，在这个世界上只有两种角色，一种是领航者，一种是跟随者。同时，打造领航者也是竞争的需要，客户的需要。因为客户接收的信息越来越多，他们需要用最短的时间来判断所有的供应商，因此当看到圣春——中国散热器行业的领航者时，首先就会联想到这个企业是有实力的、品质是有保障的、规模行业最大等，这样就有利于我们将原来零散的优势凸显出来，用一句话体现出来，与客户形成有效的对接。因为人们都能够清晰地记住第一，就像当我们提到第一个上天的人是谁？大家会异口同声地说是杨利伟，但是问第二个是谁，就会有至少一半的人说不出来了。这就是第一效应。

当然，这个定位也有不足的地方，但是通过在沈阳活动中所体现出的效果来看，用其他的定位是很难超越的。因此，我们一定要将这个定位坚持下去，不断地演绎，让它渗透到每一位圣春客户的心智中——圣春就是行业的领航者。当然这需要长期的坚持。有时候，我们常讲，再好的定位如果不能长期坚持，多角度地演绎，也无法实现应有的效果，即便是一个一般的定位，如果长期坚持，不断演绎，同样能够让品牌飞起来。

为了确保沈阳专卖店能够更好地提升销售，我研究了“单店营业能力提升”这个课题，并收集资料编著了一本小册子，供他们参考。同时，为了能够提升导购人员的业务能力，我在全国市场利用培训、调研的间隙，走访了几十家家具、建材、卫浴和整体橱柜的专卖店，了解他们的导购技巧，同时也访谈了许多我认为比较优秀的导购人员。前两天我特意数了数，总共有97家专卖店，访谈了43个优秀导购人员，现在已经制作成课件，作为培训沈阳导购员的课件。

其实，我们一定要记住品牌营销的一个原理：**你的产品是什么不重要，消费者认为你是什么才更重要！**

因此，我想就目前而言，圣春品牌的概念是精准和实用的。当然，它也存在些不足。比如，这个概念针对工程还是不错的，但是针对消费者，当然也能够体现出消费者的需求，但还是略显得有些生硬。我觉得像我们这类产品，采购者和使用者分离，应该在“领航者”这个概念的基础上在增加一个演绎点，也可以说要做好两个卖点，一个是针对工程的，一个是针对消费者的。但是就目前圣春的品牌内涵而言，针对消费者的卖点要依附于针对工程的卖点。等到明年推广的时候，针对消费者的一个感性卖点各位肯定能够见得到了。

3. 做对事

做对事听起来比较容易，但是理解层面的正确做事，到操作层面的正确做事，还有一定的距离，因此需要从思想意识上重视起来。能否正确地做事，还决定着我们的市场运作费用投入的成效问题。

关于市场运作费用投入，通常情况下会出现三种结果：一种结果是浪费一部分费用，因为没有达到预期的效果，这说明在运作过程中有些问题没有考虑清楚；另一种结果是持平，也就是说，运作过程效果不错，或者在市场运作过程中效果一般，但是通过后期的一些弥补措施取得了一定成果；第三种结果是大于费用投入，主要是指过程达到了预期效果，加上后期运作也取得了一定的成果。

只要我们清楚花完钱之后该干什么，你的市场运作成果就不会错。4月份在沈阳的活动之后，收集了100多个房地产公司的信息，包括参加活动签到时留下来的，也包括从地产协会得到的资料。在活动结束四五天的时候，黄主任就按照这些资料逐家拜访，带上2007年影响地产发展的10篇文章和我们的宣传画册，了解工程信息，递送圣春的宣传资料。结果在这次走访过程中，发现了3个今年就启动的工程信息，其中有一个已经与我们签订了协议。

当然，工业品的项目攻关周期都比较长。但是我要提醒大家，不管项目运作到什么程度，只要我们想办法进入都有成功的希望。同时我们在攻关的项目，不管关系如何，都是有风险的，要时刻注意竞争对手的动态。

讲了这些，主要是想告诉大家我们的市场运作一定是为销售服务的，在花了这笔市场运作费用以后，尽量能够让它为销售起到一定的作用，让不知道圣春的对圣春有一个新的认识，让了解圣春的强化他们对圣春的信心。如果是以组织活动的方式来推广圣春，那么一定在7天左右，最长不能超过两周的时间去拜访、送资料。因为人的遗忘周期是7天，两周的时候还会有印象，如果到了一个月以后，记住的可能性就比较小了。

做对事还有一个工作就是要在传播中选择好媒体。媒体选择不正确就像不能找对人一样，浪费市场运作费用。因此，我们可以在做投放的时候，参照一些销售人员的意见，或者让他们有意识地了解客户经常关注哪些媒体。

对于我们这个关注度比较低的行业，直投还是一个比较有效的方式。在沈阳，针对客户的2007年影响地产的10篇文章，包括马上要出来的2008年上半年影响地产发展的10篇文章，这些实际上都是采用直投的方式，能够精准到达。针对消费者的设计制作了《领航未来——选房、验房、装修全攻略》的册子，这本册子在沈阳已经投了一部分，现在正在改版，7月份再投，主要群体针对一些成熟社区。另一个群体就是针对开始装修的小区，让刚装修的人看这本册子，里边有关于采暖的软文，有圣春的软文，有圣春的广告，可以在看册子的过程中就对圣春产生了印象。

当然，还可以选择一些其他媒体，比如，一些针对楼盘的网站，搜房网在各个城市都有分站，每个楼盘都有一个论坛，这里也可以投放软文，在页面上投放广告等。

对于沈阳的专卖店，我几次在专卖店观察周围的环境，判断周边的广告氛围，都觉得在专卖店周围，包括滑翔水暖市场中的一些路灯杆上做刀旗广告，形成一个指示的作用，对专卖店销售以及工程信息收集和品牌内涵推广效果更好。但是，由于今年在专卖店上的投入比较大，销售效果还没有完全形成，因此只能将这个事情先暂时放一放，将工作的重点放在专卖店销量提升上。如果我们今年能够将单店营业力提升到一定程度，我想明年再做这个事情就比较成熟了。

当然，还要利用一些事件来宣传。对于事件的利用，有时候在开始无法提前想到，所以一旦恰当的事件出现，区域经理或办事处经理一定要有营销意识，马上考虑如何利用。比如，我们马上要有一个“采暖散热器研发基地”的授权，对于这个事件，正在和市场部一起讨论如何利用这个事件。因为这个事件正好与我们的品牌定位能够有机地配合，是能够体现或者演绎“领航者”定位的事件，公司整体要运作，办事处也可以通过这个事件来运作。

4. 走对路

实际上，走对路的核心内容就是如何选择一个关键的部门来与我们一起推广品牌。在沈阳的活动中，这个方面让我感触比较多。当时我们是与某协会合作，协会的特性让这个活动出现了一个小插曲，他们做活动时，把会议室外边几乎办成了一个小展会，让活动的效果受到了一些影响。也是在这样的环境中验证了品牌内涵的实用价值，当时我就在想，不管我们的品牌换成什么样的理念、口号，都不能在此时此景中彰显战斗力。

因此，运作这类活动时，与什么组织合作是关键，它决定了现场能来什么人，能达到什么样的氛围。这一点在6月份的一次培训经历种深有感触。6月26日我应枣强县政协的邀请，去枣强为众多企业家培训。结果整个会场坐满了人，还搬了许多椅子，更让我意外的是，枣强的企业家几乎全部到场。我在其他城市做了许多场培训，但是组织者大都是培训公司，或者企业家协会，没有一个能够达到这个效果，尤其是来了那么多企业老板，这种场景只有在大学的EMBA课程中才会有。

由此可见，什么单位主办这个活动，这个活动的结果就已经清楚了！

走对路的另外一层含义是，在年初做计划的时候，一方面要让市场运作活动有新意，而且可行，同时还要评估活动的效果，要对活动效果做一个最基本的预期。对于市场运作效果的预估，可以综合上述的找对人、说对话、做对事，以及走对路的第一个层面来整合判断。比如，这个投入要针对谁做，计划达到什么效果，这中间会出现哪些偏差，哪些因素是不可控制的，等等。将这些考虑清楚，对于某些市场运作内容该不该做就清楚了。

我认为年度计划一定要慎重，绝不能年初做一个花瓶，整个一年也插不上一枝花，只看着那个花瓶。而且，年度计划确定以后一般情况下不要轻易修改，除非是在年度过程中出现了一些新的事件，可以在原来计划基础上添加并对原计划做些微调。

5. 用对心

确切地讲，这个策略不属于纯粹的市场运作范畴，更多的是区域销售队伍管理的问题。

销售管理中的用对心主要是指，用什么心态来管理队伍。我们换一个角度来说这个问题，看能不能给大家带来些启发。我们讲一讲在消费品领域如何管理经销商。

如果你是一个业务员，该如何管理经销商呢?

对于经销商来说，他们根本不把业务员放在眼里，心想，“你们一个月挣那一两千块钱，还不如我一天赚的零头呢，凭什么管我呀”。于是，就出现了三种类型的业务员。第一类，讨好经销商，整天吃吃喝喝，帮助经销商向公司要政策，为了完成任务向经销商压货。可是这样的业务员一旦被总部发现，结果可想而知，因为他损害了公司的利益。

还有一类业务员，总是被经销商看不上，因为他们既不想与经销商狼狈为奸，又不愿损害公司利益，因此经销商总是敷衍他，在他面前哭穷。业务员一来，就说“小张，你好啊，这个市场竞争很激烈，你们的广告也跟不上，现在竞争对手都做促销，我们是不是也做点哪”。业务员也没有办法，只能说“我请示一下领导”，就匆匆跑了，结果就一点消息也没有。这种类型中，经销商和业务员实际上是一种对立关系，表面上都过得去，但一旦哪天经销商见到公司的领导，所有的坏话都会说出来，想致业务员于死地。

这类业务虽然没有损害公司利益，但也确实算不上一个好销售人员。

但是，另外一种类型的销售人员就能够很快让经销商信服，并能够建立一种长久的友谊。在见经销商时，第二类的业务通常三句话：“李老板，最近销得怎么样，有什么问题吗？这次准备定多少货?”而第三种业务员则恰好相反，他每次到经销商处，先打个招呼后就说：“张老板，借你自行车用一下，我到市场上转一圈，下班的时候我们谈一下市场拓展的事。”结果转了一圈市场之后，回来又一头扎进经销商的仓库，查看存货情况。然后等经销商的事都处理得差不多了，开始和经销商沟通。

“在××市场还有空白区域，所以要加大一下分销的力度；我在你仓库里边看到了一些即期产品，再不处理就要浪费掉了，所以我建议你把这些作为促销品分销到那些空白市场，能够吸引他们进货，也能够通过促销增加消费者的购买，增加他们对产品的信心。”同时，他又和经销商说，“你上次进货有点多，出现了不少即期产品，所以这次按照1.5倍库存法你应该进……”然后又讲起了一些比较好的库存法。

虽然经销商有点不服，但是经过几次沟通之后发现，别看这小子不怎么样，一点政策也不给我，但经过他们这样一处理，我的业绩增加了，也没有原来那么大的库存压力。

这个事情还没有完，这个业务员经常帮助经销商送货，过了3个月业务员突然给了经销商一个小册子说：“张老板，我在帮你送货的过程中，帮你把你下线的商店资料都整理好了，上边有他们的面积、出货能力等。”经销商心里一震：“这个小子把我的下线都摸清了。”虽然有点不高兴，但是挺佩服的，觉得这小伙子很有心。就这样，一个专业的形象塑成了。

我觉得对于销售队伍管理来说，第三种业务员的做法值得我们思考，只要你真的有心，一定能够得到销售人员的认可，你的工作也能够得到他们的积极支持。

前边我们讲了市场运作的几种策略，这几种策略没有顺序之分，在具体的操作中要综合运用，当然也不是定势。正如孙子兵法讲的，“兵无常势，水无常形”。所以，我们也要因势而动。

第八章

Chapter 8

上了货架就热销的包装设计

包装设计不是为了漂亮、好看，是为了卖货。要有惊鸿一瞥的效果，在终端鹤立鸡群，一下子就被看见。然后顾客被包装上的文字说动，进行尝试购买。

笔者想说的是，包装设计是在终端站出来的，不是在办公室翻资料翻出来的。

说到包装设计，很多人和企业都想这应该是设计公司的事情，可是单独的设计公司真的能够设计出适合自己的产品包装吗？笔者并不是怀疑设计公司的包装设计能力，也有很多的设计公司做出不错的产品包装。

但笔者认为，产品包装设计不能仅仅为了设计而设计，包装设计不仅仅是平面设计，而是产品所承担的责任和在整个产品系列中的位置息息相关，产品包装不是设计出来自己欣赏的，而是要放在终端货架上，让消费者买走的。

产品包装设计的本质是战略设计。

所谓战略设计，即产品包装要和电视广告、平面广告及其他的宣传相互配合，产品包装设计要符合整体产品结构及发展趋势，要和后续推出的产品包装成为一个有机整体，要符合渠道与终端模式等原则。

包装设计就是企业战略、品牌规划、产品定位与购买理由等因素的综合反映，将这些战略思想，最终反映在这个小小的包装上。最终目的就是**“上了货架就热销”**。甚至有人曾经这样形容包装的重要性：“包装设计不能实现自然销售就是犯罪！”

在包装设计上，受到干扰最多的就是公司负责人个人的审美标准，他们往往依据个人喜好来判断包装，而忘记了战略计划、品牌战略、产品定义等整体规划，甚至不考虑销量，这样设计出来的包装也许满足了负责人的喜好，但是却不能满足购买者的喜好与需求。

笔者通过多年的市场实践，对“上架就热销”的产品包装设计总结出以下的标准。

一、从同类产品中跳出来

包装设计首要的问题是要在终端跳出来，与同类产品形成差异。

曾经与某个客户沟通时，我要求到终端看看，于是他把我带到他们的专卖店。他们的产品包装看上去也不差，但是考虑到该产品属性是快消品，并不适合仅仅放在专卖店的“聚光灯”下展示。我们又来到附近的商超，可是到了商超里，我找了半天也找不到他们的产品。最后，还是在他们老总的指引下看到了产品。无疑这样的产品包装是失败的，单个看上去漂亮，可是到了终端，由于不能从消费者的视线中跳出来，最后就淹没在诸多同类产品当中了，销量也就成了空谈。

产品包装设计最容易出现的问题是：**美丽而不营销，科学而不营销，模糊而不营销，啰唆而不营销，苍白而不营销。**

这里边最典型的就是美丽而不营销。绝大多数决策者关注的是产品包装漂亮不漂亮，而且是自己认为漂亮不漂亮，但很多捧在手里漂亮的包装，放在终端却不一定有效。

这样的产品包装设计在国内绝不是个别现象。

产品包装设计的前提是获得终端优势，也就是说首先要从终端众多同类产品中跳出来。

所以，在设计中，始终要求包装设计**用色第一，文案第二，画面第三**。用色的目的就是为了在众多同类产品中跳出来，形成差异。

为神农蜂语设计商超包装的时候，我们要求以红色为主色。因为笔者在终端走访的时候发现，同类产品大多数以黄色、绿色为主，用红色的几乎没有。这样就形成了“万花丛中一点红”，这个用色完全可以跳出来。

黄金酒的包装设计，也体现了这一点，在礼品的包装中，几乎都用了红色，可是黄金酒用蓝色，赢得了终端优势。

洋河蓝色经典也是一样，用蓝色在众多的红色包装中跳出来，而且在人们的心智建立了一个蓝色的记忆。

这也是货架思维。

货架思维告诉我们，你设计的产品包装不是设计的单个产品的包装，而是整个货架，并且这个货架上大部分已经被别人设计好，只有一块空间是留给你的。

所以，对于设计师而言，你的包装设计是一个填空题，不是解答题，没有多少自由发挥的空间。

所以，包装设计的创意不是看杂志，在网上找灵感，而是要在终端找灵感。笔者经常鼓励公司设计师多逛超市，多观察各种产品的终端以及陈列的效果。

只有多转市场，做出的包装设计才能符合市场需求。

对于没有货架思维的设计师来讲，往往他们认为非常棒的产品包装，却很难在终端实现动销。

二、让包装成为第一推销员

产品包装设计要基于一个前提：在没有任何人员推销的情况下，看到这个包装上的购买理由和说明文字之后，就能下定决心，放在自己的购物车里。

也就是说，你要把包装作为企业第一推销员，或者唯一的推销员。

这就是包装的第二个重要元素——文案。

首先要在包装的正面提炼产品的购买理由。让消费者看到这个购买理由之后，就有拿走的冲动或欲望，如果还有疑问，看看包装上的说明文字就坚决地尝试购买。

所以，产品包装设计正面要像15秒的电视广告，简单明了，直奔主题，将购买理由展示给购买者；侧面或背面要像软文一样，用规定的语言让产品的特点、购买理由更有说服力，更可信，打动购买者，实现尝试购买。

三、让包装成为企业第一宣传媒体

设计产品包装还要有媒体思维，你要将这个包装看成是企业唯一的媒体来看待。有些行业不适合或者暂时没有资源做电视广告、平面广告，那么，这产品的包装就是它唯一的媒体了。

所以，要基于这个前提去设计产品包装。

可能有人说，我有电视广告、户外广告，甚至平面广告的配合，是不是可以忽略这个前提呢？答案是否定的。

包装这个媒体已经得到了诸多国外企业的重视，他们将包装视为一种投资，而且在他们看来，各种媒体都要能够独立完成产品销售，而不是所有的宣传都整合起来实现一次整体的销售。

四、产品包装设计要有延续性

笔者始终要求包装设计不但要有系统性，还要能够为同一品牌下的其他产品搭建一个推广平台，让每一点投入都成为品牌升值的储蓄罐。

如何让其有延续性，成为后续产品的平台呢？

答案就是“品牌符号”！

关于品牌符号并不是笔者的原创，而是沿用了菲利普科特勒博士的观点，用品牌符号来连接品牌的信息，用品牌符号来告诉消费者你这个品牌长什么样。

爱华仕箱包用了一个大象的形象，这个形象既是企业的标志又是企业的符号。这只大象应用在爱华仕所有的产品、宣传上。在人们的心中，只有这个符号才是爱华仕。

五、运输包装设计不能忽略

很多企业设计包装的时候，重视小包装的设计，也就是放在货架上的包装设计，而忽略了运输包装的设计。

运输包装针对对象与小包装不同，它除了针对购买者之外，还针对采购、库管等人群，对这类人群进行传播，这也是一个很好的媒体。

为华雪啤酒企业设计包装时，笔者走访终端发现，运输包装中很大一部分都是侧面向外，也就是说消费者最先看到的往往是运输包装的侧面，而所有品牌的运输包装侧面都是配料、规格、品名、地址、电话等一些文字的堆砌，发现了这个问题后，笔者将华雪的运输包装进行了调整。如图 8－1 所示。

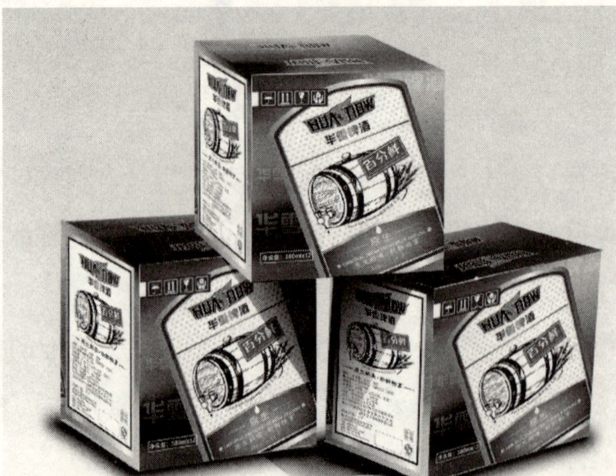

图 8－1　华雪啤酒的运输包装设计

在北京，地铁站的柱子上都有广告，可是广告都是面向车厢的，而人流的走向却是45°角方向，这就说明设计师根本没有到现场观察过人流的走向。

有时候，运输包装放在终端形成的优势，可能比终端花钱的广告还有效，可以和户外广告相媲美！

第九章

Chapter 9

“投放就有购买”的广告创意

广告投放的目的就是实现产品销量，如果广告没有促成企业销量的增加，那么这个广告就无效，就是在浪费企业的钱财。如何降低企业的营销成本，如何让广告费数倍转化成产品销量，是企业的一个重要课题。

一、传播的关键是流传

广告的目的是销售，广告的灵魂是创意，而广告的本质就是传播。

说到广告创意，要先从传播说起，它可以让我们对广告理解更为深刻。

传播学鼻祖这样定义传播：“传播是人们通过符号、信号，传递、接收与反馈信息；是人们彼此交换意见、思想、情感，以达到互相了解和影响的过程；世界处处充满了传播现象，生命的每时每刻都在进行传播活动，生命不息，传播不止。”

简单点说，传播的本质可以从两个方面说起，一个是口语文化，一个是重复。

传播，传播，关键是要传开，是让一个东西流传开来，传的路径是嘴巴传给耳朵，这需要口语，而非书面语。书面语是用眼睛看的，很难传播。

无论是广告语的设计，还是销售话术的提炼，都要从流传的角度出发，要让这句话在消费者中流传开，让他传递给他的亲朋好友。我们设计的这个广告语或口号，不是我们自己说说而已，而是要替消费者设计一句他们想说的，愿意说的话。

赵本山之所以能够长期占领央视春晚的舞台，就是因为他每年都会设计一句广大观众愿意传播的、可以流传的一句话或一个词："谢谢啊"、"缘分啊"、"你太有才了"、"此处省略多少个字"等，这些在民间都得到了广泛的流传。

口语传播的价值是书面语的100倍

自己设计的话一定是"卖货的话"，是要终端销售人员可以说出去的话，是可以人人传送的话，而不仅仅是漂亮的话。在笔者公司的每一次创意会上，还原卖场情景，让我们说出的话成为老百姓平常说的话，是笔者认为最具销售力的话。

在战争中很多传播方式都用顺口溜，这种形式有着巨大的力量，以至于善战者都利用口号打仗。《粟裕回忆录》中写，粟裕强调每战必研究口号，孟良崮战役"攻上孟良崮，活捉张灵甫"，济南战役"打到济南府，活捉王耀武"等。

这些口号直接激发了人们的斗志。

美国选举，奥巴马在争夺俄亥俄时，喊出的竞选口号是："俄亥俄，我需要你的帮助！"他向选民直截了当提出要求，激起了选民的本能反应。

笔者传播自己理念的时候，往往也编成顺口溜或三字经来传播，这样更容易被接受，也能够让客户快速记忆和理解。比如，笔者针对酒水、饮料、食品领域提出的一个"营销九阴真经"，采用三字经的形式，在网上快速流传。

这几句话是：①划地盘，占位置；②用符号，立形象；③选单品，设组合；④用咒语，造流行；⑤精布局，有基地；⑥渠道沉，做终端；⑦下指令，设议题；⑧调组织，做团队；⑨做样板，快复制。

这几句话讲出了营销的重点，又容易理解，还好记忆。

所以，笔者始终建议营销人要多记忆顺口溜，多读三字经，多研究口头禅，这些都是口语化的东西，都是老百姓流传的语言，利用好这样的语言，可以让产品或品牌快速流传。

重复是传播的本质

中国有句老话叫作“重复是记忆的窍门”，其实重复也是传播的本质。传播就是要重复、重复，不断地重复。重复是投资，这是绝大多数企业丢掉的东西，现在企业都在追求创新，反而丢掉了传播的本质，浪费了企业资源。

说到重复，我们不得不提脑白金的广告，说到脑白金广告，大家就会想到地毯式广告轰炸，低成本的动画制作，对此业界的评论也是褒贬不一的。但是从整体的广告创意以及产品的销售数据来说，脑白金的广告传播无疑是成功的。“今年过节不收礼，收礼只收脑白金”这样口语化的广告传播才是合格的广告语，才是卖货的广告语。

笔者认为，比起那些重金请大明星、制作精良的广告片，脑白金的广告战略是正确的，是成功的。它将宣传费用用到了刀刃上，不断地重复，让人不断地看到脑白金的产品，听到脑白金的声音，将广告传播做到极致。

笔者也将重复这一传播本质应用在自己所服务的客户，不论是产品的包装还是终端的宣传物料，都用统一的宣传色，统一的宣传语，统一的宣传画面等来重复地做着一件事。这就是重复，就是让消费者记住这样的产品，一看到这种画面，听到这样的宣传语就知道是谁，进而引发消费者的购买行为。

二、怎样让广告更有创意

广告是传播中最常见的表现形式之一。说起广告，绝大多数人都在追求那种天马行空、美轮美奂的创意形式。在这里，笔者要告诉你广告最本质的思想。

广告的本质是即刻购买

巴尔特的《符号学历险》，有这样一段话把广告的本质说得十分透彻："广告是购买的指令，无可争辩的保证，并不使人信服，却可以引诱使购买完成。用隐喻，双关语，一切古代记号，把语言扩大至潜在的所指，赋予接受者以经验整体性的力量。商业动机不是被掩饰，而是倍增，与人类宏大主题进行沟通。"

这里边包含了广告的几个要点：

（1）直接下达无可争辩的购买指令。

（2）不要掩饰商业动机，要直接说出想传播的内容。

（3）直接诱使其完成购买行为。

（4）为后续传播奠定基础。

所以，笔者认为广告就是改变人们的看法，影响人们的购买行为，实现尝试购买的手段。广告就是为了销售。如果你敢说我的广告不是为了把产品快速销售出去，那就建议你不要做广告了，你就是在浪费成本，浪费传播资源。

笔者要求每一则广告都要是品牌形象的体现，每一则广告都要独立完成一次销售。所以不要为了打形象而专门做形象广告，只要你做的广告有销售力，每一则广告都是你品牌形象的体现。

一切皆广告

笔者提倡“全面媒体化，一切皆广告”的思想。这是因为很多被忽略的地方，都可以成为我们的广告载体，很多被遗忘的人都可以成为我们的传播对象。

包装是传播的重要组成部分，笔者提倡让包装成为终端第一达人，成为企业第一推销员，成为企业的第一媒体。笔者把产品包装、企业各种终端宣传物料当作一种广告来做，只要从我们手里出去的，都是具有销售力的。让消费者、采购者、库管人群、经销商都成为我们影响的对象。

所以广告并不只是电视广告、报纸广告、杂志广告、户外广告，只要是与企业、产品有关的，我们都要用广告思维来要求，以形成销售为目的。

这样公司的成本怎么能不降低，传播的效果怎么会不好呢？

只要你愿意并有能力操作，**一切接触点都可以作为广告来使用。**

企业家可以成为品牌的一张名片，也能成为一个好的品牌广告；宣传画册可以作为品牌广告来辅助销售，但绝不是现在绝大多数企业那样没有规划的画册；企业网站可以作为品牌广告，甚至可以将企业网站建成兼顾某一特定领域的资讯网站或专业网站，供相关客户群体浏览；品牌故事也可以作为广告来使用，通过一系列故事的连接，让品牌活起来。

总之，一切都可以为你所用来做品牌推广。

如果企业的资源有限，无法实施电视广告的投放，那么从现在起，请你忘记广告这个营销手段，我们用其他的手段来实现消费者对产品、品牌的认知，用扎实的渠道执行和客情来实现销量的提升。

好广告的标准

好的广告一定精炼，无须说服消费者，也没必要说清楚，只需直接说动消费者，形成尝试购买就是成功。

笔者曾遇到一家企业，用整整五张海报来解释他们的产品，他们认为这样才能真正解释清楚他们的东西，让消费者理解他们的产品。事实上，消费者会有耐心把这五张海报看完吗？这是不可能的！

有这样一则报道：**“广告正文为 20 个字的，阅读人数为 10 人，50 个字的阅读人数为 5 人，500 字的阅读人数为 1 人，”**大家都讨厌啰唆，一个电影 20 分钟内吸引不住你，你就会睡着，广告给我们的时间更短。

有些东西是说不清楚，甚至说清楚也没有用的，你只要告诉需要传达的、能够说动消费者的信息即可，太多的信息反而会让消费者反感。

所以有效的广告一定是简单、准确地传递产品的某个卖点或购买理由，而不是试图阐述产品的所有特点，也不是试图说清产品，说服消费者。

比如说工业品的宣传片，很多公司恨不能把所有的话都说上去，一拍就是十几分钟，看得人昏昏欲睡还什么也没有记住。

宣传片应该分段化和创意化地表现。分段化能够把企业的信息有重点有层次地进行描述，加强人们的记忆；创意化的表现能够吸引人的注意，突出重点，达到最佳效果，而且要不断重复几个核心特点。

有的人把广告想象的无所不能，以为只要在电视上打了广告，销量就万无一失，这种想法是十分错误的。

广告的本质是实现尝试购买。即使是再有效的广告所能达到的也只是让消费者第一次尝试购买，想要让消费者长期购买还要看产品、服务等多方面的因素。

广告要精练，要有销售力。为了支撑起有销售力的这个目标，笔者建立了一套标准，坚持做有效的、有销售力的广告，所有的广告要符合基本标准，如图 9 – 1 所示。

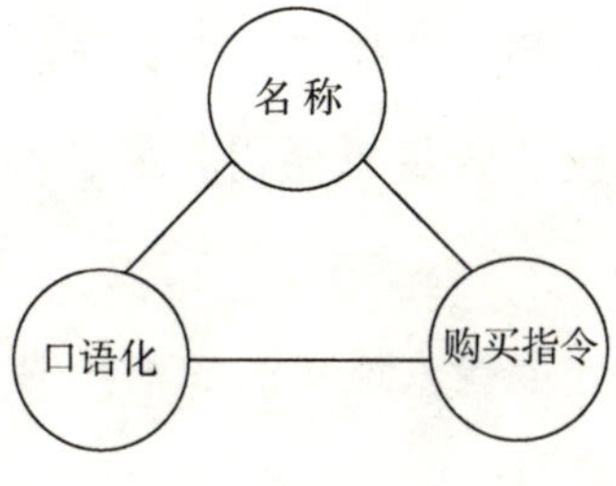

图 9 – 1　好广告应具备的基本标准

1. 广告里包含名称

(1) **产品的名称要不断地出现在广告中**。无论是电视广告还是报纸广告、杂志广告，在能够出现的地方，都要不断重复出现产品的名称。甚至在广告语中，一般都要出现产品的名称。

"东鹏瓷砖，世界之美"、"滋补国宝，东阿阿胶"、"宁城老窖，塞外一品”，见到这样的广告语，就知道产品的名称了。只有不断地重复产品的名称，才有可能让消费者记住你，要知道，消费者都是健忘的。

（2）**产品永远是广告的主角**。还有一点很重要，你要清楚地知道谁是广告的主角？

产品永远是广告的主角，无论是电视广告，还是平面广告。现在很多的广告，主角都模糊了，人放的比产品大，创意性很强，但不知道说的是什么。这都是对资源的极大浪费。

所以在笔者策划的广告中，产品永远是主角，广告中要不断出现产品的名称，笔者认为只有符合这点要求才是好的广告。

2. 口语化

笔者认为的口语化，一定是人们平时说的话。不符合人们常识的、不符合人们习惯的、不符合人们逻辑语言的话不说。

通过多年的研究，发现广告中使用祈使句和陈述句，是最有效的、最能达到销售力的表现方式。

现在市场上的信息太多太杂乱了，不要寄希望于消费者主动记住你的广告，所以我们只能把广告尽量做得精简、准确，与他的习惯相近，减少消费者记忆的阻碍。

只有口语化的东西才能投入最少的成本让消费者记住你所要传递的信息。

3. 购买指令

在准确地向消费者传递产品的购买理由的前提下，让他们对你的产品感兴趣并尝试购买，像专家一样直接向消费者下达购买指令。

这里就会涉及消费者的兴趣点在哪里的问题，就是你怎样来吸引消费者。

笔者研究发现：永远不要低估消费者的智商，内容空洞、夸大的广告骗不了消费者；也不要高估消费者的智商，只要给足产品的购买理由，他就会毫不犹豫地购买。

比如，对于房子、车子这类的理性消费品，消费者的态度是“需要时高度关注，不需要时不关注”。要了解消费者对这一类的产品最关心的是什么问题。

一般来说，对于这类产品，价格应该是一般大众消费者最为关心的问题，所以价格就应该是你广告里面最应该提到的诉求点。准确地传递产品的某个卖点或购买理由，而不是试图阐述产品的所有特点。

广告要有购买指令还必须有一些词语，在某个瞬间激发消费者的购买神经，笔者发现像“就”、“是”、“就选”、“找”、“推荐”、“认准”等一类具有一定指令性的词，相对来说更加具有行动性和推动性，能够刺激购买神经。

第十章

Chapter 10

用平凡的人打造一流的团队

这个世界没有那么多人才，好的模式才能让平凡的人干不平凡的事。

在一次中美 CEO 对话中，谈到企业高速发展时应该关注些什么，主持人让每个企业家在题板上用一个词来描述。中国企业家有写创新的，有写企业文化的，有写融资的，五花八门各不相同，可是美国企业家不约而同地都写上了“团队”。

可见，团队的价值。

不过，团队对于国内许多企业而言仍然是一件非常头疼的事，尤其是营销团队的建设。企业总觉得优秀销售人员难求，优秀营销人才匮乏。

一、销售精英是企业发展的最大障碍

美国 NBA 的一个统计表明，公牛队在全盛时期，只要乔丹单场个人得分超过 40 分，公牛队基本上都以失败告终。球队是 5 个人的球队，不是乔丹一个人的球队，让 5 个人都能发挥出更好的水平，这比一个人唱独角戏、得高分更重要。

乔吉拉德这个销售奇才，曾经被他的老板解雇。他一辈子对这件事耿耿于怀，殊不知，他在这个团队，因为他的个人能力太强，导致团队其他人黯然失色，失去信心，无法完成整个团队的使命。

销售精英是“能人”、“超人”、“高手”、“奇才”，他们凭借自己的悟性、智商、情商获得了个人的成功。即使不在你这里成功，也会在其他领域获得成功。凭借着个人自身素质的成功，这是无法复制的。企业想要招聘或是培养类似的精英更是困难。毕竟大部分人都是平凡人。

如果企业过度依赖某个人或某几个人，这样的企业一定是危险的。

笔者曾经服务过一个企业，这个企业连续几年都能达到5000万元左右的营业额。他们的老总和营销总监对我说，每年的这些销售额，主要来自五六个销售精英，如果再招聘或培养出几个这样的销售人员，销售额就会大幅度的提升。

笔者给出的答案恰恰相反，正是这几个人影响了企业的发展。因此，为他们重新设计了营销模式，规划了营销体系与管控系统：不再依靠销售精英，而是让普通的人来做简单、标准的工作，将这个企业的销售流程化，把简单的工作交给一般的人员来做，并充分利用好这几个销售精英，让他们完成最后临门一脚的成交工作。当这个营销模式与组织体系导入企业后，第二年销售额提升到2个亿。

有的企业以挖人著称，但是无论怎样挖人都难以达到自己的期望，却使对手不断发展。

记得一个企业从对手7个大区经理中挖过来5个，结果对手的年度销售额不但没有下滑，反而有了较大的提升。倒是自己的业绩不升反降，挖来的大区经理也在一年内纷纷离职。

这家挖人的企业之所以失败，一方面因为空降兵的进入打乱了原来的体系，挫伤了其他员工的积极性；另一方面这些被挖来的人由于离开原来的平台，能力无法体现，再加上不断离职，给企业造成了损失。对于许多中小企业而言，突破发展瓶颈的关键不是多招聘几个销售精英，而是要建立自己的营销模式和营销体系。

二、培训与训练的区别

丰田汽车作业原则叫“后工程引受”，就是说，由下一个工序决定上一个工序该做什么。对于销售训练或培训的下一个工序是什么呢？是销售人员的销售表现。

对于企业来说，希望销售人员的表现是什么，或者说能够产生效果的销售表现是什么？毫无疑问，一定是销售人员能够按照公司的营销模式将每一个销售动作做扎实，并产生销售业绩。

基于这个前提再来分析，是要销售培训，还是销售训练能达到下一个工序的效果？

销售培训简单地说就是“老师在上边讲，销售人员在下边听”，最终的结果是老师讲得很精彩，也很卖力气，销售人员也明白了，可是到了实际工作中却一个也用不上。这是非常普遍的现象，甚至我们发现优秀的销售人员具备的技能，但是没有达到优秀的销售人员却都无法具备这些技能。无论多么密集、课程体系多么科学的培训都无法改变销售人员的行动。

从本质上来讲，销售培训是“我说你听”。

而销售训练则完全不同，销售训练就像新兵训练一样，我不但要讲给你听，你还要按照我说的做，彻底的改变你原来行为标准，按照我的行为标准做。

在销售训练上，也是同样的操作。销售人员要按照企业营销模式与品牌战略落地的标准去练习每一个动作，而且要做给我看，说给我听。最终将销售人员的行动转化成销售业绩，转化成品牌的驱动力。

销售训练的逻辑是：先简单化，再系统化；先标准化，再灵活化；先规范化，再自选化。简单化与系统化是在讲销售流程的设计，标准化与灵活化是在讲销售人员的动作标准，规范与自选是在讲销售管理。所以，企业必须要清楚销售流程如何简单化与系统化，销售人员如何标准化，销售管理如何规范化。而这些问题正是企业的薄弱环节。

只有通过销售训练，将企业品牌战略落地标准与营销模式细节渗透到销售人员的行为中，才能实现知识的升华与转变。

三、用平凡的人训练出一流的营销队伍

毛泽东思想中有一句话为我们提供了战略与战术上的指导：我们的战略是“以一当十”，我们的战术是“以十当一”。这是我们制胜敌人的根本法则之一。

这里告诉企业在争夺市场的时候，如何进行分兵，如何集中，什么时候分兵，什么时候集中，这是营销组织与营销团队的培养原则。从这个角度出发，确定企业在分兵与集中的过程中建立什么样的营销平台，

构建什么样的组织模式，等等。

绝大多数企业的营销队伍都是跑单帮，以销售区域为单位画地为牢，每个业务人员都有自己的领地，不容他人侵犯。客户和网络成了销售人员的个人资产，公司难以掌控。甚至在许多工业品领域，销售人员成了行业业务员。当公司想掌控这些资源的时候，销售人员认为：这些客户都是我辛苦跑下来的，网络是我一点一滴建立起来的，凭什么交给公司。这就是许多企业营销团队的症结，只有分散没有集中。

因此，要从两个方面打造一流的营销队伍。

搭建营销支持平台

营销人员在遇到困难的时候，公司营销组织没有相应的支持，或者处于困境的营销人员打算放弃的时候，公司营销组织才刚刚知道，并没有做出相应的反应。这样的企业都没有建立企业营销支持平台。因此，企业无法掌控市场、掌控客户。

营销支持平台应该由两个部分组成，一个是标准化平台，一个是后台支持系统。

标准化支持平台，就是不让销售人员摸着石头过河，对一些基本的、常见的、简单的营销动作，公司依据成功的经验制定一系列的动作标准，操作过程中有所参考。

后台支持系统，主要是指总部的信息收集与决策系统，根据总部对销售队伍行为，对市场信息的收集、整理和分析，针对各市场下达指令，提供操作方案。比如，笔者公司为工业企业提供服务时，针对大客户建立的信息支持系统与决策方案，公司营销组织通过更高一个层面对区域大客户提供业务攻关的便利。

动作拆分，化复杂为简单

众所周知，全能型的销售精英难以培养，也难招聘，所以完全依赖销售精英不利于建立高效的营销团队。因此必须从企业的现有资源出发，将销售动作拆分，将原来依靠全能型销售人员的全套动作由几个普通人来完成。

这就是营销组织模式的建立。

戚家军的组织模式为我们提供了参考。戚继光发明了一种阵势叫鸳鸯阵，形成了团队作战力量，实现了专业化分工，将原来的拳师、教头等武术高手换成了淳朴的农民，并配以针对团队的奖罚机制，形成了一支相互支持、相互配合的战无不胜的抗倭军队。

对于营销团队而言，也是同理。跑单帮的业务模式不利于营销团队的协同作战，这种方式可能在一段时间内为企业带来了发展，可是不利于企业对市场的精耕细作，不利于企业根据地市场的建立。

在营销中，尤其销售环节都会依据行业特点，建立操作模型，简化程序，让营销动作标准化．作为营销人员，只要把基础的动作扎实做好，业绩自然会好。

比如，在快速消费品领域，很多前辈总结了终端八看模型：①看位置；②看库存；③看陈列；④看价格；⑤看客情；⑥看店主首推；⑦看竞品；⑧看铺货率。

终端拜访八步骤，也是将复杂、无法考核的拜访进行标准化、动作化，让许多刚入行的销售人员就可以按照这些基本动作执行，并能保证效果。

具体是：①拜访前准备（拜访路线、生动化工具、未办事项等）；②店外作业（检查户外广宣、接近客户）；③清点库存（特殊陈列点、本品竞品库存、存货品质）；④销售及铺货（陈述政策、处理异议、新品延伸）；⑤订单成交；⑥商品陈列（正常货架、多点陈列）；⑦行政作业（填写客户资料卡、确认订单）；⑧评估与改善。

当然，行业不同营销动作也不一样，企业要建立与自己资源能力匹配的营销标准化动作，才能用平凡的人，干出不平凡的业绩。

后记：回归常识

稿子终于写完了，整个的写作也是学习的过程，在这过程中，感悟最深的就是“回归常识”。

其实本书的所有内容都是最基础的营销动作，只不过近几年营销理论层出不穷，很多人偏离了最基础、最实用的东西。

可以说，本书的创作是在前辈们原有理论的基础上，依据我们的实战经验进行的重新组合和排列而已。

希望我们这种重新组合，能够实现“碳变金刚石”的效果。

通过读这本书，也带你回到营销常识中来，因为常识就是本质。

网上流传着这样一个寓言：

和尚跟屠夫是好友。和尚早上要起来念经，而屠夫要起来杀猪。为了不耽误各自工作，便约定早上互相叫对方起床。多年后和尚与屠夫去世了。屠夫去了天堂，和尚却下了地狱。屠夫天天做善事，叫和尚起来念经；相反，和尚天天叫屠夫起来杀生。

你做的事情往往都是你认为对的，然而，从本质上讲却不一定是对的。

每个人都有一套理论或方法，并不是每个理论或方法都抓住了本质，只有抓住本质的理论才能够解决问题。

比如，有一个培训老师在课上讲老板要如何“分”才能解放自己，调动员工的积极性，很多老板听完恍然大悟，犹如醍醐灌顶一样，可是到现实中却根本不起作用。

说到“分”这个思想，我的一个客户可以说是鼻祖，早在20世纪90年代就已经将其实施了，销售人员没有底薪，所有的收入全靠提成。开始的时候确实极大地提高了销售人员的积极性，因为那个时候公司的品牌已经有了较强的影响力了，当然公司的业绩也随之上升。

可是，接下来几年问题就来了，人员变得不好控制，销售也开始停滞，最终付出了较大的代价才扭转局面。品牌在市场上有一定知名度的企业可以顺利实施，对于很多中小企业而言，这种方式员工根本不会买账，反而搞得老板更被动。

在营销界，新的理论多如牛毛，比如4C理论、新4P营销、整合营销传播、品牌形象、湿营销、微博营销等，几乎是每年就会出现几个新思潮。这些新的思想听上去都很有道理，都经历过国际知名品牌的检验，甚至就是那些高管们总结出来的，但我们能不能学呢？

最初笔者也是跟着这些理论跑，以为不谈这些新的东西，就好像自己落伍了一样。但是，随着与客户捆绑程度越深，就越发现，这些流行的东西往往难以获得实际效果。于是，当我静下心来研究这些在市场上始终能够实现销量的营销策略时发现，其实，最有效的就是最基础的，在大学的时候每天都在学的4P营销理论。渐渐地笔者就有意识地甩掉那些华而不实的“新营销”理论，开始追求、应用最简单实用的营销常识。

也许你看过本书之后，感觉这些内容你都很熟悉，这说明你离本质还不远。本书的很多思想并非原创，而是笔者经过实践后，将这些有实战效果的理论依据自己的操作和经验，进行了重新梳理，这些思想主要来源于那些被人熟知、每天都在用的常识。就是这些营销常识在帮助许多企业不断创造着一个又一个的销量奇迹。

本书的成稿得到了很多人的帮助，在此表示感谢。

首先，感谢营销界、传播界、品牌界前辈们的总结和奉献。笔者几乎看遍了史玉柱先生所有的演讲、采访等文字记录，他简单、实效的观点对笔者的影响很大，对营销的思考体系也主要来自史玉柱先生的营销观点；另外，大卫·奥格《一个广告人的自白》我看了无数遍，这令我对广告的思考更深，也有了更实战的指导。

其次，书中关于销量的思考、市场布局的思考是与方刚老师在中国酒业论坛 QQ 群中讨论之后，加上笔者的操作总结而出。方老师是企业营销高层，具有丰富的一线经验与营销决策经验，我在这方面收获非常多，在此深表感谢。

还要感谢本书编辑李俊丽老师的辛勤付出，耐心地梳理这个用零散时间挤出来的书稿；笔者所在奇兵策划公司的王静，也为本书的案例编辑、文字校对做了很多工作，一并表示感谢。

感谢父母、家人对我的默默支持，是你们给了我更大的动力，在营销这个领域坚定地走下去。

最后，希望这本书能够帮你找到营销的本质！

刘文新

参考书目

[1] [美] 大卫·奥格威. 一个广告人的自白 [M]. 北京：中信出版社，2008.

[2] 史玉柱. 史玉柱自述 [M]. 北京：同心出版社，2013.

[3] [美] 菲利普·科特勒，凯文·莱恩·凯勒. 营销管理 [M]. 上海：格致出版社，2011.

[4] [美] 大卫·阿克. 管理品牌资产 [M]. 北京：机械工业出版社，2006.

[5] [法] 罗兰巴尔特. 符号学历险 [M]. 北京：中国人民大学出版社，2008.

[6] 粟裕. 粟裕回忆录 [M]. 北京：解放军出版社，2007.

[7] [美] 沃特尔·翁. 口语文化与书面文化 [M]. 北京：北京大学出版社，2008.

[8] 李零. 孙子译注 [M]. 北京：中华书局，2007.

[9] [美] 吉姆·柯林斯，杰里·波勒斯. 麦肯锡传奇 [M] 北京：机械工业出版社，2006.

[10] [日] 原研哉. 设计中的设计 [M]. 广西：广西师范大学出版社，2006.

[11] [美] 史蒂夫·乔布斯，乔治·比姆. 乔布斯产品圣经 [M] 江苏：江苏文艺出版社，2012.

[12] [美] 马丁·林斯特龙. 感官品牌 [M] 天津：天津教育出版社，2011.

[13] [美] 劳拉·里斯. 视觉锤 [M] 北京：机械工业出版社，2013.

[14] 王健. 价格带营销思考 [OL]. 大河网，2012.

[15] 朱志明. 谁是价格带上真正的王者 [OL]. 中国酒业新闻网，2013.

[16] 区域主管市场操盘手册—关于销量 [OL]. 方刚. 中国国际啤酒网，2012.

[17] 超级符号带来不可思议的销售力 [OL]. 华楠. 梅花网，2010.

[18] 李践. 定价定天下 [M]. 北京：机械工业出版社，2012.

[19] [英] 利·考德威尔. 价格游戏 [M]. 浙江：浙江大学出版社，2013.

[20] [美] 马库斯·斯塔尔博格. 购物者营销 [M]. 北京：中国商业出版社，2012.

博瑞森管理丛书

更多实战好书，请关注**“博瑞森图书直营店—淘宝网”**

http://qiyeshudian.taobao.com/

<table>
<tr><td>宋新宇博士『简单』系列</td><td colspan="3">
让管理回归简单
（升级版）
从目标、组织、决策、授权、人才、自我管理出发，提出最实用的解决方法</td><td colspan="2">
让经营回归简单
（升级版）
从战略、客户、产品、员工、成长和经营管理者入手抓住企业经营的关键</td><td colspan="2">
让用人回归简单
深度剖析用人的原则、难题、误区、方法，以及用人者的修炼，解决企业的用人难题</td></tr>
<tr><td colspan="2">
7个转变，让公司3年胜出
李蓓　著</td><td colspan="2">在消费者主权时代，从生产、营销、服务到组织管理，给出企业转型升级的具体操作路径</td><td colspan="2">
升级你的营销组织
程绍珊　吴越舟　著</td><td>本土第1部营销组织实战专著，用有机性的营销组织力代替“营销能人”，打造战略统一、策略灵活、执行力强的高绩效营销队伍</td></tr>
<tr><td colspan="2">
边干边学做老板
黄中强　著</td><td colspan="2">一位创业20多年的民企老板的肺腑之言，带给老板86个实用忠告</td><td colspan="2">
产品炼金术
史贤龙　著</td><td>告诉你打造畅销品的新思维与好方法</td></tr>
<tr><td colspan="2">
卖轮子：选择最佳营销方式
【美】杰夫·科克斯等著</td><td colspan="2">从新产品上市到市场成熟和企业转型，一个故事轻松把握营销精髓</td><td colspan="2">
涨价也能卖到翻
【日】村松达夫　著</td><td>让每个顾客在你的产品上、在你的店里掏出更多的钱，让你的东西涨价也能卖到翻</td></tr>
</table>

续表

 公司由小到大要过哪些坎 卢强　著	能长大的企业是有规律可循的，会依次经历试错、突围和转型3个阶段，让企业看清位置，并对接下来的路有所了解	 成为优秀的快消品区域经理 伯建新　著	掌控市场＋内部管理＋常见误区＋工具箱＋自我提升，37个"怎么办"全面系统分析区域经理的工作关键点
 华夏基石方法：企业文化落地本土实践 王祥伍　谭俊峰　著	作者10年积累、原创方法、一线资料，毫无保留奉献，是企业文化落地真正有洞察力和实操价值的一本书	 跳出同质思维，从跟随到领先 郭剑　著	有效的思维框架和工具、66个企业案例深度剖析，帮助企业突破行业长期思维惯性，发现大片蓝海
 传统行业如何用网络拿订单 张进　著	国内第1部针对中小企业的网络实战指导图书，作者以自己10多年的网络营销经验和研究积累为基础，为你带来最具实战性的建议	 用流程解放管理者 张国祥　著	国内第1部针对企业的流程管理实战图书！实现流程管理从无到有、从有到全

书名及作者	内容简介
中层领导力 【韩】崔秉权等著	帮助中层管理者认清自身管理上的不足，快速提升领导力，更好地激发团队工作热情，实现下属、自身、企业的多赢
学话术　卖产品 张小虎　著	分析常见的顾客异议，提出破解方案，将复杂的销售程序化，将优秀的话术模块化，让普通导购员也能成为销售精英
为什么你的公司没长大 田友龙　著	本书将小老板的众生相在笔端刻画得淋漓尽致，更值得小老板们反复思量
营销破局八大策略 崔自三　著	本书为企业在营销过程中各个层面的问题给出了精细、系统的解决方案，旨在帮助企业走出营销困局
公司的浪费是如何产生的 刘孝明　著	作者针对企业里各种浪费现象并结合现实场景，直指造成浪费的根源，提示管理者及时堵住各类漏洞
中小企业如何建品牌 梁小平　著	国内第1部中小企业建品牌操作实务型图书。作者结合丰富的品牌咨询经验和亲身指导案例，分四步指导企业自建品牌
一位销售经理的工作心得 蒋军　著	专为销售管理者而著的实战指导图书。从实际出发，作者用自己的亲身经历给予读者来自管理一线的经验

续表

书名及作者	内容简介
用数字解放营销人 黄润霖　著	从营销中的各个问题出发，教会读者如何运用"营销的数字技术"，并能够运用公式和真实可见的数据赢得市场和管理团队
麻烦就是需求，难题就是商机 卢根鑫　著	通过从顾客身上不断发掘顾客真正强烈的价值需求，选择合适的产品载体，帮你挖掘出市场真实需要的商机
本土化人力资源管理8大思维 周剑　著	立足中国本土实践，针对民营中小企业的独特的人力资源问题提出了一个系统、实用的新理论，从实际出发，帮助中小企业重新认识和解决企业中人的问题
用流程解放管理者2中小企业规范化管理 张国祥　著	规范化管理不再是大企业的专利。张国祥老师将企业规范化管理的各个方面系统地讲述出来，为中小企业的规范化管理指明方向，值得广大中小企业借鉴
阿米巴经营的中国模式 李志华　著	阿米巴经营理论来自于管理学泰斗稻盛和夫，本书将该理论进行了中国本土化的发散和拓展，形成一套专业完整的体系，具有很强的工具性及学术、实战价值
集团化人力资源管理实践 李小勇　著	系统性阐述了集团化人力资源管理方面的内容，适合集团企业的人力资源专业人员阅读学习
老板、经理人双赢之道 陈明　著	从企业家和经理人尤其是"空降经理人"共生的角度出发，发现问题、化解矛盾，让沟通变得简单、透明，让双方实现共赢
走出薪酬管理误区 全怀周　著	本书梳理了薪酬体系构建中常见的8个误区，针对这8个误区，分别给出分析和解决方法
企业文化的逻辑 王祥伍　著	从这部书里，可以透彻的了解文化、了解企业文化的根源，同时又不是高深和脱离实际的学术观点，读者会从中获得知识、得到点拨，或是感叹原来如此
快消品营销与渠道管理 谭长春　著	本书立足快消品行业，帮助老板、营销总监、区域经理等各层管理者解决自己日常涉及的员工管理和渠道管理事务
招招见销量的营销常识 刘文新　著	全面解开你的销量之谜，读完本书，你的每一个营销动作都可以提高销量、降低成本
回归本源看绩效 孙波　著	企业对于绩效管理的应用可能进入了神秘化和技术化的误区，本书回归绩效管理的概念和本质，梳理绩效与企业经营的关系
企业文化激活沟通 宋杼宸　安琪　著	企业文化对于组织沟通状况的影响是根本性的。本书系统阐述沟通与企业文化的关系，帮助企业构建提升沟通效能的企业文化解决方案
华夏基石方法：人才评价中心（超级漫画版） 邢雷 朱军梅 郑雪琴 张小斐著	国内第一本用漫画形式书写的人才测评专业书籍
博瑞森行业丛书	
书名及作者	内容简介
白酒营销的第一本书 唐江华　著	国内第1部白酒营销实战指导图书，帮你打开白酒营销大门
白酒经销商的第一本书 唐江华　著	第1部写给白酒经销商的实战全指导，为你答疑解惑

续表

食用油营销第1书 余盛　著	从食用油的概况入手,小包装食用油的营销常识、品牌战略、营销方法,以及细分品类分类营销手段
乳业营销第1书 侯军伟　著	乳业营销的第1本书！从区域性乳品企业的实际情况出发,捕捉到他们最大的特点和现实中存在的关键问题,梳理出一条清晰的脉络,并提出了明确的解决方法
新医改下的医药营销与团队管理 史立臣　著	本书立足最新医改政策的解读,提供丰富的本土企业实践案例,为民营企业指明方向,提供变革之路,以及具体的方法措施
农资营销实战全指导 张博　著	农资营销实战的第1本书！如何找到提高销售效率和服务价值的营销模式是整个农资行业的重要命题,而本书就为您提供了完美答案
精品银行管理之道 崔海鹏　何屹　主编	本书提出打造精品银行是中小银行发展的战略选择,并从产品、业务、经营、客户、风险、团队等多个角度入手,全面又贴合实际地为读者提供行之有效的方法
建材家居营销实务:新环境、新战法 程绍珊　杨鸿贵　主编	站在营销模式创新的角度,为行业、企业营销开辟了一条新道路,并提供了具体的操作方法与参考案例供读者切实学习使用
农产品营销实战第一书 胡浪球　著	农产品实战营销的第1书！立足本土,33个核心问题配合生动案例,农产品营销盈利不再难
医药营销与处方药学术推广 马宝琳　著	作者用平时的语言、轻松的笔触、原创的模型和亲身操作的成功案例,为大家讲述处方药医学策划如何让"平民产品"变成"明星产品"

待出版,敬请关注

书名及作者	内容简介
把客流变成购买力:本土零售业升级第1书 丁昀　著	本书立足于本土实践,从整个行业的角度出发,分析业态特点,提出行业转型升级之道,并辅以大量实际案例,分析具体方法。零售行业必看的一本书
首轮胜出后,企业如何二次突围 苗兆光　著	本书定位于中间型企业,这类企业面临企业成长瓶颈,需要可持续发展的动力,本书从企业战略、管理、组织、产品等方面逐个击破,通过实战案例解答困惑,给予读者切实的帮助
商业模式与品牌营销 杨旭　林子力　主编	需求为本,梳理产业价值链上的各方需求,找到一种能够满足各方需求的盈利模式,从而提升公司的地位和价值
突破成长的陷阱 夏惊鸣　著	本书是对企业发展中的一个具体阶段的思考,即从机会主义转向战略成长过程中的经营和管理问题的梳理
从白酒经销商到品牌运营商 付文利　著	扎根行业特色,对白酒经销商如何拓展市场、规范自己的管理体系,给出了一个系统、专业的框架
中国茶营销第1书 柏龑　著	本书扎根行业,各个击破,在茶叶营销独具特色的各个方面深入浅出的为读者提供具体方法

CHINA STONE 华夏基石

华夏基石丛书

书名及作者	内容简介
农资营销实战全指导 张博　著	农资营销实战的第1本书！如何找到提高销售效率和服务价值的营销模式是整个农资行业的重要命题，而本书就为您提供了完美答案
升级你的营销组织 程绍珊　吴越舟　著	本土第1部营销组织实战专著，用有机性的营销组织力代替"营销能人"，打造战略统一、策略灵活、执行力强的高绩效营销队伍
精品银行管理之道 崔海鹏　何屹　主编	本书提出打造精品银行是中小银行发展的战略选择，并从产品、业务、经营、客户、风险、团队等多个角度入手，全面又贴合实际地为读者提供行之有效的方法
建材家居营销实务：新环境、新战法 程绍珊　杨鸿贵　主编	站在营销模式创新的角度，为行业、企业营销开辟了一条新道路，并提供了具体的操作方法与参考案例供读者切实学习使用
华夏基石方法：企业文化落地本土实践 王祥伍　谭俊峰　著	作者10年积累、原创方法、一线资料，毫无保留奉献，是企业文化落地真正有洞察力和实操价值的一本书
阿米巴经营的中国模式 李志华　著	阿米巴经营理论来自于管理学泰斗稻盛和夫，本书将该理论进行了中国本土化的发散和拓展，形成一套专业完整的体系，具有很强的工具性及学术、实战价值
集团化人力资源管理实践 李小勇　著	系统性阐述了集团化人力资源管理方面的内容，适合集团企业的人力资源专业人员阅读学习
老板、经理人双赢之道 陈明　著	从企业家和经理人尤其是"空降经理人"共生的角度出发，发现问题、化解矛盾，让沟通变得简单、透明，让双方实现共赢
快消品营销与渠道管理 谭长春　著	本书立足快消品行业，帮助老板、营销总监、区域经理等各层管理者解决自己日常涉及的员工管理和渠道管理事务
走出薪酬管理误区 全怀周　著	本书梳理了薪酬体系构建中常见的8个误区，针对这8个误区，分别给出分析和解决方法
回归本源看绩效 孙波　著	企业对于绩效管理的应用可能进入了神秘化和技术化的误区，本书回归绩效管理的概念和本质，梳理绩效与企业经营的关系
企业文化激活沟通 宋杼宸　安琪　著	企业文化对于组织沟通状况的影响是根本性的。本书系统阐述沟通与企业文化的关系，帮助企业构建提升沟通效能的企业文化解决方案
华夏基石方法：人才评价中心（超级漫画版） 邢雷 朱军梅 郑雪琴 张小斐著	国内第一本用漫画形式写的人才测评专业书籍
待出版，敬请关注	
首轮胜出后，企业如何二次突围 苗兆光　著	本书定位于中间型企业，这类企业面临企业成长瓶颈，需要可持续发展的动力，本书从企业战略、管理、组织、产品等方面逐个击破，通过实战案例解答困惑，给予读者切实的帮助
从白酒经销商到品牌运营商 付文利　著	扎根行业特色，对白酒经销商如何拓展市场、规范自己的管理体系，给出了一个系统、专业的框架
突破成长的陷阱 夏惊鸣　著	本书是对企业发展中的一个具体阶段的思考，即从机会主义转向战略成长过程中的经营和管理问题的梳理

和君咨询丛书

书名及作者	内容简介
本土化人力资源管理8大思维 周剑　著	立足中国本土实践，针对民营中小企业的独特的人力资源问题提出了一个系统、实用的新理论，从实际出发，帮助中小企业重新认识和解决企业中人的问题
跳出同质思维，从跟随到领先 郭剑　著	有效的思维框架和工具、66个企业案例深度剖析，帮助企业突破行业长期思维惯性，发现大片蓝海
农产品营销实战第一书 胡浪球　著	农产品实战营销的第1书！立足本土，33个核心问题配合生动案例，农产品营销盈利不再难
待出版，敬请关注	
把客流变成购买力：本土零售业升级第1书 丁昀　著	本书立足于本土实践，从整个行业的角度出发，分析业态特点，提出行业转型升级之道，并辅以大量实际案例，分析具体方法。零售行业必看的一本书
商业模式与品牌营销 杨旭　林子力　主编	需求为本，梳理产业价值链上的各方需求，找到一种能够满足各方需求的盈利模式，从而提升公司的地位和价值

博瑞森管理丛书
征稿启事

当中国和中国企业崛起成为全球共识，本土管理咨询、管理研究与创新正随之兴起。

谁是中国企业最信任、最渴求的管理专家？

何种管理思想、方法更适合当下中国企业？

博瑞森图书联合国内诸多管理专家、专业媒体、出版社向本土管理咨询师、企业管理者、管理研究者征稿！希望通过"博瑞森图书"这一本土管理图书的出版平台，为广大管理专家提供研究、创新成果展示机会，让更多有利于中国企业崛起的好思想、好方法迸发出来，为企业助力，为中国加油！

无论您目前是否已有待出版的内容，只要您认为自己的思想符合我们的出版方向、标准，请您与我们联系，将您的个人简介、或博客链接、或文章等相关个人资料发送到：bookgood@126.com. 我们将会协助您策划图书选题方向、整理内容资料、制定写作计划，并按照商业化出版模式出版、发行、推广您的作品。我们在为读者寻找好内容、出版好书，所以**特别说明：此活动绝非"自费出书"，不向作者收取任何成本、费用。**

其他联系方式：010－84645015 qq：1963328416

博瑞森图书已出版图书示例：《让管理回归简单》、《让经营回归简单》、《让用人回归简单》、《中层领导力》、《涨价也能买到翻》、《用流程解放管理者》、《边干边学做老板》、《卖轮子》（获2010年和讯年度图书奖）、《交易心理分析》（获2011年度上海"第一财经日报"投资图书奖）。